发现滑雪好生意

王嵩 ◎ 著

中国商业出版社

图书在版编目（ＣＩＰ）数据

发现滑雪好生意 / 王嵩著. --北京：中国商业出版社，2018.2
　　ISBN 978-7-5208-0187-4

Ⅰ.①发… Ⅱ.①王… Ⅲ.①雪上运动-体育产业-产业发展-研究-中国 Ⅳ.①G863.1

中国版本图书馆 CIP 数据核字(2018)第 016357 号

责任编辑：朱丽丽

中国商业出版社出版发行
(100053　北京广安门内报国寺 1 号)
010-63180647　www.c-cbook.com
新华书店经销
北京旭丰源印刷技术有限公司

*

720 毫米×1000 毫米　1/16 开　11.5 印张　160 千字
2018 年 8 月第 1 版　2018 年 8 月第 1 次印刷
定价：58.00 元

****

（如有印装质量问题可更换）

前　言

2018年韩国平昌举办了第23届冬奥会；2022年，我国北京与张家口将联合举办第24届冬奥会。两届冬奥会，将滑雪这项原本陌生的运动猛然推到了中国人面前。政府各部门均提出了相应要求，教育部要求100所中小学校开设冰雪课程，国家号召"3亿人上冰雪""北冰南扩"，有的学者甚至得出了滑雪起源于中国阿尔泰地区的结论……但真正能推动滑雪大潮的，将是中国的滑雪产业投资家。截至目前，中国已有近700座滑雪场，未来还会有更多。这是中国冰雪事业未来大发展的硬件基础，没有滑雪场带动，整个产业链将失去原动力；没有滑雪场，冰雪产业就是空谈。

没错，人们生活水平提高了，生活品位也提高了。原本很专业的、贵族的滑雪运动如今已飞进寻常百姓家，成为大众崇尚的健身运动。参加大众滑雪的人数迅猛增长，相关行业从业者利润可观。滑雪无疑是门好生意，但也不是每个投资者都能够赚到钱，加之滑雪场规模巨大，投资巨额，一旦亏损，很难扭转。如果说滑雪必经专业学习阶段的话，滑雪产业投资同样如此。为此，我联系实践，编写了这部理论书籍，以解意欲投身中国冰雪产业的投资人的燃眉之急，同时也希望借此推动中国的滑雪产业。

本书讲求实用，从滑雪的历史源头，到滑雪产业的各发展阶段，以及当前中国产业的现状入手，在深刻分析现有不足的基础上，展望未来，并给出具体的指导意见，从滑雪场的规划设计，到滑雪场的运作营销，再到对国内外著名滑雪场及滑雪圣地的盘点和比较，乃至环保与商业生态圈的打造，意在让每一个投资者都赚钱，让全社会都受益。

在本书写作之初，新的雪季已经到来。尽管我无限盼望它能够尽快更快出版，尽早到达需要它的读者手中，但课题重大，不容有失，我必须在这个火热的雪季强自按捺。如今，它终于出版，但已属姗姗来迟。希望它能在下一个雪季到来前发挥作用，给那些未来的滑雪产业投资者以思考，也给现在的滑雪场经营者以借鉴。

在此感谢本书写作过程中为我提供帮助的人，也感谢中国滑雪产业的先驱们，没有他们的勇敢尝试，我不可能为后来人提供"他山之石"或"前车之鉴"。

目 录

第一章 全球滑雪产业与经济发展　　1

1. 全球滑雪产业发展现状　　2
2. 国外滑雪产业主要经验　　6
3. 全球滑雪产业对经济的影响　　11
4. 冬奥会滑雪场对经济的影响　　16

第二章 中国滑雪产业及其对经济的影响　　21

1. 中国滑雪产业综述　　22
2. 中国滑雪产业链条分析　　26
3. 中国滑雪产业进入黄金期　　29
4. "互联网+滑雪"下的冰雪产业　　32
5. 滑雪产业发展对地方经济的影响　　36

第三章 2022 年冬奥会对中国经济的推动　　41

1. 2022 年冬奥会的数据解读　　42
2. 2022 年冬奥会对北京经济的影响　　47

3. 2022年冬奥会对张家口经济的影响　50

4. 2022年冬奥会对中国经济的影响　53

5. 冬奥会与中国未来冰雪产业的发展　57

第四章　中国南北方冰雪市场现状分析　　61

1. 盘点中国南北方主要滑雪场　62

2. 中国冰雪市场南北方的差异　79

3. 中国室内滑雪场发展现状　82

4. 国内主要室内滑雪场盘点　85

第五章　国内小型体验式雪场经营策略　　89

1. 国内滑雪场三大主要类型　90

2. 国内中小型雪场面临的问题　93

3. 清晰定位，增加客户黏性　96

4. 注重线上互动营销和用户消费体验　100

5. 很小，很美好——梅里滑雪村的成功之道　102

第六章　滑雪场规划设计开发实务　　105

1. 滑雪场规划设计四大效益分析　106

2. 滑雪场选址与整体规划　109

3. 滑雪场审批手续与相关监管　112

4. 滑雪场规划设计四大经典模式　　119

第七章 滑雪场经营与管理　　123

    1. 滑雪场运营管理　　124
    2. 滑雪场如何做市场营销　　127
    3. 滑雪场增值服务管理　　130
    4. 滑雪场的安全生产管理　　133
    5. 像呵护孩子一样呵护雪友　　136

第八章 滑雪场四季经营模式探索　　139

    1. 从单季运营到四季经营　　140
    2. 资源导向型转型与市场导向型转型　　142
    3. 最受欢迎的十大非雪季项目　　145
    4. 滑雪场四季运营 5W 理论　　149

第九章 滑雪场及配套商业下的商业生态　　153

    1. 只选对的，不选贵的　　154
    2. 滑雪场环境生态与商业生态　　156
    3. 温暖——滑雪场经营的终极课　　159

附录 国外著名滑雪场盘点　　163

第一章
全球滑雪产业与经济发展

1. 全球滑雪产业发展现状

先前，国际上普遍认为滑雪起源于斯堪的纳维亚地区，即北欧国家挪威、瑞典、丹麦、芬兰和冰岛。最近的考古研究发现，滑雪其实起源于中国的阿尔泰山。在中国新疆北端的一幅岩画上，清晰刻划着四名史前男人在阿尔泰山脉起伏的山峦中滑行的画面，其中一个手执长予的男人，还因为捕猎需要，做出了近乎标准的滑雪转身动作。

不过，在滑雪的现代化进程中，特别是在将其发展为一门休闲运动及相关产业方面，以斯堪的纳维亚国家为首的真正意义上的雪地居民，确实称得上后来居上。在世界滑雪运动中居领先地位的国家也是斯堪的纳维亚各国。但斯堪的纳维亚人只在北欧滑雪项目上占优势，在高山滑雪项目上占优势的则是环阿尔卑斯山国家，如法国、意大利、奥地利、德国和瑞士。

据记载，1866年夏，一批英国人前往"山中之国"瑞士旅游，临走时，他们接受了当地度假酒店老板的邀请，入冬后再次光临，感受不一样的瑞士风光。事后他们非常满意，回国后大力宣传。冬季到瑞士度假遂成为英国上流社会的时尚，瑞士的圣莫里兹山区亦随之发展成为全球首个冬季运动度假区，到今天，它依然遐迩闻名。

第一章 全球滑雪产业与经济发展

早期的滑雪场没有上山缆车，滑雪者要把大部分时间和精力用在爬山上。直到1911年冬天，在一位博士的建议下，瑞士米伦镇政府修建了世界上第一条牵引索道以及劳特布龙嫩—米伦铁路。这条不起眼的齿轨铁路把小镇和山外的世界连接起来，再加上次年举办的越野滑雪赛，更多的人开始了解滑雪并且喜欢上了滑雪。到1914年第一次世界大战爆发时，瑞士的度假酒店床位达到了21.5万张，入住率很高。有意思的是，当时前往瑞士滑雪的外国人主要是英国人和德国人，在人数上，他们势均力敌，不相上下。

在1924年的法国夏慕尼冬季奥运会上，滑雪正式成为奥运会比赛项目。1933年，第一届世界性的滑雪比赛乘着上一年洛杉矶奥运会的东风，于美国纽约的普莱西德湖举行。滑雪算是正式进军北美，其瞬时激情符合新大陆的气质，备受欢迎。1934年，位于佛蒙特州伍德斯托克附近的吉尔伯特山滑雪区开发出了美国第一套上山设备，当地人只需花费一美元，就能利用设备轻松上山。两年后，美国太平洋联合铁路公司在爱达荷州凯彻姆附近的森瓦利投资建设了世界上第一家设有吊椅缆车的滑雪度假地，这成了日后北美各地建造世界级滑雪度假村的样板。由于森瓦利地理位置偏远，而多数滑雪者都喜欢在自家附近滑雪，这无形中播下了滑雪与不动产开发之间密切联系的种子。简单来说，滑雪业本身的收益固然不容小觑，但在滑雪场附近搞房地产开发，继尔全面带动当地经济，才是幕后重头戏。不过，真正有不动产出现在滑雪区，还要推迟到1960年。

作为滑雪度假的发源地，欧洲阿尔卑斯山地区的有识之士们，也早就意识到滑雪作为一种资源，潜在经济效益非常巨大。1933年，法国建成了第一个有缆车的、完整意义上的滑雪场——梅杰夫度假区。德国不甘落后，不久便研制出当时最先进的滑雪设备——空中缆椅。加上1936年冬季奥运

会的助力，滑雪运动及相关产业在欧洲迅猛发展，直至被第二次世界大战的炮火无情阻断。

战后，滑雪与旅游产业更加紧密地结合起来，滑雪运动真正进入大众化普及时代。这可以归结为以下几方面原因：

（1）"二战"时期，大量青年参军，在北方地区作战的士兵为适应作战环境学会了滑雪，战后，滑雪自然而然地成为了他们的业余运动选项。比如美国的第十分队，他们因在阿尔卑斯山区战功卓著备受当地人欢迎，很多第十分队的官兵在复员后要么加入当地滑雪产业，要么回国兴建大大小小的滑雪场，其中包括全球五大滑雪胜地之一的阿斯彭滑雪场。（2）滑雪业在美国及欧洲快速发展，促进了更安全、更舒适的滑雪配套设备的问世，这反过来使滑雪运动获得更大的发展动能。（3）战后经济迅速回暖，汽车进入普通家庭，生活水平与消费理念也全方位提升，人们想去滑雪时，交通不成问题，经济也不是问题。

战后十年，欧洲兴起了一波滑雪场建设热潮，这批滑雪度假村主要集中在法国。新建的度假村设施齐备，专业场地、辅助设施、运动装备与住宿、餐饮、娱乐及相关服务，应有尽有，一应俱全。随后的半个多世纪里，新的滑雪区不断辟出，滑雪技术与专业设备不断改良，不动产开发也终于被提上日程，显然，这标志着政治权力也已介入其中，其对滑雪的进一步普及同样显而易见，有目共睹。

在20世纪50年代初期，各滑雪场开始注重滑雪道的品质，开始应用滑雪道整修机器和人造雪。1954年，美国佛蒙特州的西多佛雪山滑雪场开业，其投资人认为：滑雪场若想尽可能地赢利，那就必须放弃以往只对专业滑雪者开放的经营策略。为了吸引大量滑雪新手乃至没有任何经验的人，他们把西多佛滑雪场造得比一般滑雪场地缓和得多，滑雪道也很宽，新式的上山设备则可以在 1 小时内运送 1200 名滑雪者上山。这些举措使得西多佛滑雪场开业不久就创下了日接待 1 万名滑雪者的杰出纪录。在当时,普通滑雪场每天能有 2000 人上门就算很不错了。

与此同时,其他一些因素也共同发力,使滑雪进一步普及,趋于流行。比如滑雪服装的问世,最先是富有伸展性的滑雪裤,然后是其他服装、鞋帽等。再比如美国及欧洲开始兴建高速公路网,使公众觉得从市区前往偏远的滑雪场不再遥不可及。再比如木制滑雪板和皮制滑雪靴的淘汰,代之以更专业的金属和玻璃纤维的复合滑雪板,以及塑料滑雪靴的问世。电视乃至电脑的普及也起到了推波助澜的作用,每场冬奥会及国际重大滑雪赛事的实况转播,都会吸引更多的人投入到滑雪运动之中。

20 世纪 70 年代,市场营销理念渗透到滑雪度假旅游业之中,20 世纪 80 年代又出现了并购和管理风潮,这使得滑雪产业在激增的同时不可避免地出现了供大于求的现象。加之新时代人们在运动休闲方面有更多的选择性,使得一些知名度不大、规模也不大的滑雪场经营不善,遭遇了财务危机。事实证明,这未必不是好事。相关数据表明,1980 年至 1990 年,北美滑雪场数量下降了 8%,但从全球视野来看,滑雪旅游仍呈现出蓬勃兴起的态势。

如前所述,中国是滑雪的诞生地,但包括中国在内的东亚国家,历史上一直对滑雪比较陌生,缺乏滑雪文化。但在今天,日本已建立起完善的滑雪产业链,形成了装备品、雪具、雪鞋等完整的供给体系;韩国也是滑雪产业大国,滑雪人数已经占国民总数的 10% 左右;中国起步较晚,但得益于中国近年经济腾飞和巨大的人口基数,中国的滑雪人数和滑雪场数量已非常可观,中国的滑雪产业自然也称得上体量庞大,潜力无穷。

发现滑雪好生意

2. 国外滑雪产业主要经验

全球一共有多少家滑雪场？

全球的滑雪人数是多少？

具体的数字是没有的，因为每一秒钟数字都在更新。

大体上，全球有五六千家室外滑雪场，全球年滑雪人次为4亿左右，滑雪者群体为1.3亿人。下面，我们通过全球滑雪场的布局，试着探讨国外滑雪产业从业者的借鉴意义及相关教训。

欧　洲

欧洲经济发达，也是现代滑雪运动的发源地，得益于阿尔卑斯山得天独厚的冰雪资源，欧洲得以拥有全球最多的滑雪场，共2000多家，而且基本上都是大雪场。全球一共有49家超级大雪场，其中有84%在阿尔卑斯山地区。这里的设施也是最齐备和最先进的，拥有超过1万条索道，占有全球43%的滑雪人次数。

法国的拉普拉涅滑雪场在访问人数方面独占鳌头，最近五年来一直是全球第一。过去 5 年，滑雪人次最高的国家也是法国，此前领头羊的位置一直由美国把持。在法国滑雪的外国游客数量也很可观，有 1/5 为外国人。相对来说，整个北部都处在阿尔卑斯山区的意大利虽有得天独厚的地理环境，但由于经营不善和宣传不力，它的外国滑雪者来访人数反倒是整个阿尔卑斯山地区国家中最低的。德国虽然拥有大大小小约 500 个滑雪场，但德国人非常热衷于出国滑雪，是瑞士、奥地利和法国的最大国外滑雪游客来源地。

英国人先天不足，但英国的滑雪行业从业者煞费苦心。为把英国人吸引到滑雪场，他们开设了很多室内滑雪场，并频频举办免费的"一天之内学会滑雪"活动，培养并输出了很多滑雪爱好者。与欧洲另一滑雪圣地——北欧诸国的表现相比，后者实在是乏善可陈。唯一值得提及的是挪威，它与奥地利、瑞士一同蝉联了全球滑雪人口比例最高的三个国家，有多达 25% 以上的人口都参与滑雪。

东欧不是传统的滑雪目的地，也缺乏滑雪文化，但近些年经济发展刺激了滑雪需求。总体上说，东欧的优势是价格便宜和优质的天然降雪，在吸引国际游客方面，波兰、罗马尼亚和俄罗斯都有不俗的成绩。

北　美

北美是世界上最大的滑雪市场之一，北美最重要的国家美国也贡献了全球滑雪产业最重要的数据，美国滑雪人口占据了世界滑雪人口总数的 26% 左右。而且美国国内的滑雪消费能力非常强劲，只有 6% 的滑雪者来自国外。在最为繁荣的 20 世纪 80 年代，全美各地有 800 多个雪场，如今虽

仅剩460多个，但主要是因为行业并购所致，美国滑雪行业正在经历缓慢的下滑，不过主要是由于滑雪在世界其他国家的兴起所致。值得其他国家学习的是，美国是最早采用数据量化分析滑雪产业的国家，美国滑雪产业也非常关注目标客户群体的年龄老化。他们认为，提高美国滑雪者数量的根本策略在于：提高初学者的兴趣，将初学者转化为终身滑雪爱好者，防止普通滑雪爱好者放弃滑雪。数据显示，美国的滑雪者占总人口比例仅为3%，远不及欧洲滑雪强国，但这也预示着美国还有深挖的潜力。

美国的邻居加拿大虽地广人稀，但反过来说，它也拥有着全球最多的人均滑雪资源。加拿大的滑雪市场非常成熟，主要依靠本国和美国滑雪游客，全国有滑雪场700多家，而且有一半集中在靠近美国边境的安大略和魁北克两省。其问题在于目标客户群体老龄化，就其人口现状而言，这一定程度上也是无解的。

东　亚

除了欧美，最有看头的滑雪市场就在东亚。

日本是相对意义上的先行者，其滑雪市场曾繁荣一时。这一方面是因为日本作为当年美国的经济桥头堡，经济率先实现了腾飞，有了相应的经济基础，包括滑雪在内的很多美国文化也随之被引进；另一方面，则有赖于日本人的用心。在日本政府的扶持、支持下，滑雪产业在日本得到了飞速发展，并形成了独特的滑雪产业制造体系，一系列日本本土品牌滑雪产品不仅迅速抢占了国内市场，也逐步伴随着日本制造行销全球，日本的索道制造与人工造雪技术在国际市场上颇具竞争力。日本还很好地将滑雪这一时尚运动与传统民俗结合起来，包括参观地方民俗风情活动及温泉洗浴、蒸汽浴、美容、按摩、美食、购物等，极大地满足了旅游者的需求，也拓宽、拉长了滑雪产业的概念。在20世纪80年代，滑雪曾被日本年轻人视为最时尚的运动和社交方式。当时，最现代化、最豪华的滑雪场遍布北海道和九州，每个缆车前都排着长龙，雪道上挤满了人。当然，这一定程度上也有日本经济泡沫的功劳，伴随着经济泡沫的破灭，日本滑雪产业也不可避免地下滑，如今只有最高峰时期的一半左右。不过，目前日本仍吸引着全世界19%以上的滑雪者，很值得学习与研究。

韩国的滑雪人数占总人口比例也很接近日本，都是近10%。朝鲜相对来说有更多的冰雪资源，但受困于经济及政治因素，其国内近几年出现真正意义上的个位数的滑雪场，但所用装备基本来自其他国家淘汰的装备，与韩国发达的滑雪业形成鲜明对比。

而中国，无论是在东亚，还是放眼全球，都是绝对的后起之秀。就像当年中国从日本手中夺得世界第二大经济体一样，几乎与此同时，我们也把东亚第一滑雪大国的称谓抢了过来。这势必与经济发展紧密相连，同时也是因为我国是个多山国家，我国境内有世界最高的17座山峰中的11座，我们还有几亿级的充满活力的潜在滑雪运动爱好者，具备极好的后发优势。我们的问题在于中国的滑雪产业起步较晚，目前虽然新滑雪场不断开业，数量达到了646个，但大多是只有一条魔毯的、只能被称为"玩雪乐园"的小雪场，达不到西方滑雪度假区的标准，也缺乏配套住宿设施。中国滑雪市场在短时期内成为世界上最大的滑雪市场之一是可期的，但中国滑雪行业之路还很漫长，需要各方面不断发力、持续投入。

其他地区

全球数千家滑雪场主要分布在 67 个国家，其中绝大部分都分布在上述三个地区，但滑雪业在全球其他地区的发展也不容忽视。以阿富汗为例，它拥有极佳的自然条件，境内有充沛的降雪、高山和冰川，只不过由于连年的战争导致阿富汗成为世界上最贫穷的国家之一，但这并不影响热爱冬季运动的孩子们利用自制的雪橇和滑雪板在山坡上冲刺。目前这个国家的缆车绝大多数时候都由驴子来充当，但人们未来未必不能在冬奥会上看到阿富汗的高山滑雪运动员。

有人可能不会相信，就连绝大部分领土处在热带地区的印度也有相对很高的滑雪人数，其实抛开印度北部的冰雪资源不谈，单是印度不容忽视的经济与人口体量，都足以孕育与之匹配的滑雪产业与相关人群。即使是在完全意义上的热带国家，在现代造雪技术的支撑下，滑雪也不是新鲜事。当然，人造雪场毕竟不比天然雪场，所以南半球的滑雪场主要集中在新西兰、澳大利亚、巴西、智利等国家。

3. 全球滑雪产业对经济的影响

所谓滑雪产业，即以滑雪经济活动为中心，根据滑雪者需求把多个企业、行业集合起来，向滑雪者提供综合性滑雪产品和专门服务的新兴产业。就中国而言，20世纪90年代方才起步的中国滑雪产业，相对于全球滑雪业的发展历程，还只是一个懵懂少年。欧美、日韩的滑雪产业早已进入成熟期，产业链较为完善。不过反过来看——事实也正是如此——中国滑雪产业拥有巨大潜力与后发优势。

滑雪场是整个滑雪产业的核心。就产业角度而言，其内在驱动力是休闲旅游，而不是体育运动。近年来，我国国民经济快速发展，人们生活水平日益提高，消费观念也随之改变。人们不再满足于吃饭、穿衣等基本需求与消费，也开始追求一些精神、文化方面的享受。而滑雪旅游是一种集运动、休闲、度假、健身等功能于一体的活动，具有趣味性、刺激性、参与性，堪称最时尚的冬季旅游方式，也因此成为最具发展潜力的消费市场。而且，滑雪旅游具有反复消费、附加值高等特点，同时它还可以带动周边产业的发展，例如餐饮业、租赁业，这既为当地的经济增长带来了极大的推动作用，也很好地解决了当地部分人员的就业问题。

发现滑雪好生意

世界上很多发达国家兼滑雪产业强国，不仅比我们起步早，而且直到现在仍在大力发展滑雪旅游业，更好地借助自身地理资源优势为本国经济服务，比如瑞士、奥地利、美国、法国、日本和韩国。这固然与滑雪旅游本身具有趣味性、刺激性和挑战性，深受年轻人喜爱分不开，同时也与滑雪旅游符合国际经济发展趋势紧密相关。众所周知，旅游业是无烟工业，附加值高，有益无害，同时还是与汽车、化工工业并列的国际贸易三大支柱产业之一。相关资料表明，全世界每年出国旅游的人数达到60多亿人次，参加本国国内游的游客也有近30亿人次，滑雪产业就贡献了很大的份额。世界上许多国家，尤其是挪威、奥地利、瑞士等小国，凭借自身特有的地理资源和滑雪文化，在撑起本国旅游业的同时，也撑起了本国经济。

以瑞士为例，在中国人的脑海中它就是个"钟表王国"，但对环地中海地区的人而言，提到瑞士首先想到的是滑雪。至于瑞士国民，他们和滑雪的关系，类似于巴西人和足球、中国人和乒乓球的关系。

瑞士是颇有些优势滑雪的。如前所述，得益于英国上流人士的宣传，它最先被开发成为全球滑雪天堂。英国人之所以喜欢瑞士，不仅因为瑞士是欧洲的高地，有成百上千的雪峰，在瑞士滑雪还有一个特别大的优势，那就是暖和。瑞士纬度并不很高，当地气温主要取决于雪山的海拔。而在雪山之上，温度也只有不到零下10摄氏度，加上充足的阳光，人们并不会感觉寒冷，稍微运动一下还能出汗。与我国东北以及挪威等北欧国家动辄零下二三十摄氏度的低温相比，不可谓不"暖和"。

瑞士人并没有躺在先天优势上睡大觉。为提高顾客满意度，他们不断在服务质量上做文章，这催生了科技的发展。瑞士人创造了不少传奇：瑞士的第一盏电灯和第一部轻轨电车、阿尔卑斯山中第一个高尔夫球赛、全球第一次在结了冰的湖上举行的赛马会、第一次出现俯卧式雪橇运动和雪上高尔夫、第一家产能多于耗能的阿尔卑斯山区酒店等。种种举措，使得英国人对瑞士的偏爱"传染"到了整个欧洲。滑雪游客越来越多，对衣食住行等服务提出了更高的要求。瑞士的零售业、高端酒店和美食产业随之涌现。

不管是过去还是现在，可以说，能够专程去瑞士度假者，都是高端人士，其中大部分是商务人士，他们在冬季云集瑞士滑雪胜地，为商务会见提供了许多便利。逐渐地，欧洲的商务人士形成了在冬季休闲的同时也进行部分高端会见的传统。从中不难看出，如今被认为是世界政商最高端的年度大聚会——达沃斯论坛设在瑞士，绝非偶然。精明的瑞士人并没有止步于此，在发现高端商务会见的巨大金矿之后，他们发现要想吸引全球高端人群来这里会见和消费，还有一个好的方式，那就是让联合国和各种国际性机构驻扎瑞士，因为联合国的高端会见几乎天天都有。于是，联合国日内瓦总部、国际奥委会和国际足联等先后落户瑞士。

如今，瑞士拥有200多个滑雪场地，13条齿轨铁路，50辆登山缆车和约600条空中索道，并且配备4000多名专业滑雪教练。瑞士也有欧洲最长的滑雪坡道，许多滑雪坡道长达16公里，高差2000米，滑雪爱好者可以尽情享受滑雪带来的无限刺激。瑞士品牌滑雪板斯道克林（Stockli）年产5万副，这种在滑雪界有"雪板中的保时捷"称号的滑雪板，最普通的售价也在1000多瑞士法郎，折合人民币7000元。

最重要的是，瑞士联邦政府对于滑雪十分重视，并制订了四大目标：首先是健康，让更多的人积极参加滑雪这项体育运动；其次是普及体育教育，促进年轻运动员和体育竞技的发展；再次是开发滑雪产业作为经济增

发现滑雪好生意

长点；最后是滑雪产业要有助于社会的可持续发展。在瑞士，即使是滑雪传奇伯纳德·鲁西，当年也从未想过要当一辈子职业滑雪运动员，而是一边做着成为滑雪奥运冠军之梦，一边踏踏实实地选了一门手艺：建筑设计师。在瑞士的年轻人看来，在滑雪之外，掌握一门社会认可的手艺或是能力，是自然而然的事情。这意味着什么呢？就伯纳德·鲁西而言，他现在的主要工作就是为重大国际赛事寻找、设计高山速降赛道。北京冬奥会的高山速降定址在延庆小海坨山，是需要他点头认可的。北京冬奥会高山速降的比赛线路，也是他与中国的专业团队一起设计的。

滑雪在瑞士从一项运动发展成为带动瑞士整体发展的重要产业，其独特的思考逻辑值得我们深思。

再以英国为例，尽管它先天不足，但其滑雪产业的发展与人均GDP的增长依然紧密相关。总的来看，在整体经济环境处于上行阶段时，滑雪产业产值会相应增加。反过来，也可以说滑雪产业产值支撑了经济上行。

而对美国来说，因其参与者众，其1400万人次的年滑雪总人数占到了美国年体育运动参与总人数的2.9%。仅滑雪运动装备消费方面，就贡献了6.42亿美元，占美国整体运动装备消费的4.8%，仅次于健身、高尔夫与球队运动员装备消费。

在其他国家，因滑雪旅游的蓬勃兴起带动的滑雪装备的产业化与品牌化的发展，同样在带动大众对滑雪的热情的基础上，为当地经济贡献了不菲份额。法国的Rossignal、所罗门（Salomon）、德国沃克（Volkl）、奥地利的阿托米克（Atomic）、Blizard，日本的小货坂（Ogasaka）、Yammaha、Idone等，每一个世界性滑雪品牌的背后，都是激烈的市场竞争和丰厚的商业回报。

另外，在全球范围内，针对滑雪的竞技属性，越来越多成熟的滑雪目的地通过高水平的服务、多样性的活动与产品来提升滑雪爱好者的认可，各滑雪场在经营中非常注重最大限度地方便游客，除滑雪需求本身之外，各个滑雪场会尽量提供其他能够满足游客需求的多种产品，通过超强的综合运营功能拉动消费。这一定程度上与传统滑雪市场逐步饱和有关，同时也与滑雪从业者比以往更加注重挖掘新利润增长点有关。总之，现在经营者更注重滑雪的休闲属性，更注重吸引非滑雪爱好者，具体措施包括开发多种可选择的娱乐项目和活动，包括温泉、健身馆、桑拿中心和日光浴场等，配合会议、教育活动、节日赛事、疗养、登山、徒步旅行等活动，以及私人山区别墅等商业地产的开发。这无疑是对那些怀着"滑雪生意只能做一季"的传统思想的人的当头棒喝。滑雪产业的外延，显然还不限于此。

4. 冬奥会滑雪场对经济的影响

1896年，在法国人顾拜旦的积极倡议下，在古代奥林匹克运动会停办了1500年之后，在奥林匹克运动的发源地——希腊雅典，举办了首届现代奥林匹克运动会。1924年，同样是在顾拜旦先生的推动下，首届冬奥会得以在法国夏慕尼举行。

此前，包括滑雪在内的冰雪运动已经在欧美一些国家得到广泛开展。以第一届冬奥会为契机，当时的欧洲兴起了大规模的滑雪山区开发振兴计划。时至今日，欧洲形成了全球最主要的滑雪市场，环阿尔卑斯山的法国、意大利、奥地利、瑞士和德国，坐拥2000多个滑雪场和迷人景色，每年都能吸引大量滑雪爱好者和旅游观光客。

迄今为止，全球一共举办过23届冬季奥运会。第24届冬奥会则花落北京—张家口。在过往的23届冬奥会中，有三座城市曾经梅开二度，两次举办冬奥会，它们分别是瑞士的圣莫里茨、美国的普莱西德湖和奥地利的因斯布鲁克。芬兰的拉赫蒂、瑞士的锡永、保加利亚的索非亚、瑞典的厄斯特松德、西班牙的哈卡和哈萨克斯坦的阿拉木图，则蝉联申办冬奥会失败次数最多的城市，均为三次。

正所谓几家欢笑几家愁，申办冬奥会成功的城市与国家有多高兴，那些申办冬奥会失败的城市与国家就有多难过，这倒不是因为申办冬奥会本身需要投入一定的人力、物力与财力，主要是因为申奥成功对申办国家尤其是申办城市来说，有着"点雪成金"的意义。下面举两个有代表性的案例。

日本札幌冬奥会

日本城市札幌原本准备于1940年举办第5届冬奥会，但由于日本帝国主义在1937年发动了全面侵华战争，这与奥运会的宗旨不符，因此1938年日本政府主动宣布他们"无法举办札幌冬季奥运会"。后来，瑞士的圣莫里茨成为候选城市，但瑞士也宣布放弃承办。再后来纳粹德国表示愿意接手，但他们显然更愿意发动战争，这导致接下来的两届奥运会被迫取消，直到1948年"二战"结束之后，冬奥会的圣火才在圣莫里茨重燃。

战后，日本在废墟上重建，随着经济的持续增长，日本开始大力开发滑雪场。1972年札幌冬奥会的举办进一步推动了日本滑雪场的建设，以及日本人参与滑雪运动的热情，到20世纪70年代末，日本滑雪场建设达到顶峰，全日本滑雪人数高达全国人口的10%以上。就札幌这个北海道城市而言，以往的严寒如今成为了优势，不仅知名度大大提高，市政基础设施建设也得到了前所未有的发展。在冬奥会开幕前，该市还专门开通了第一条长12.1公里的地铁。

1998年，冬季奥运会在时隔26年后再次来到日本城市长野。我们知道，此时日本已经进入"失去的十年"，但冬奥会对经济的促进作用依然不容小觑。特别是因为日本是个出口大国，而冬奥会则是为数不多的宣传盛会。

我们都知道中国东北老工业基地的振兴难题，其实日本也有自己的东北（主要指北海道）旅游业振兴难题。日本人的解决方式是以温泉、滑雪、树冰作为"吸客"手段，吸引世界各国游客前往日本东北地区观光。不仅推广活动、合作会议不断，还大搞软推广。举例说明，电影《非诚勿扰》的放映，除了制片方收获了可观的票房，日本的北海道也获得了巨大的利益。当时，北海道政府推出的"《非诚勿扰》路线游"是许多中国游客的不二选择。当地旅游业人士甚至还创建了一家"80年代滑雪复兴实施委员会"，由日本首相夫人安倍昭惠担任名誉会长，以重拾滑雪人气。抛开目前日本的滑雪产业并不低迷不谈，不论日本滑雪产业在中国滑雪产业突飞猛进的大背景下最终结局如何，至少这份用心值得我们学习。

俄罗斯索契冬奥会

作为世界上陆地面积最大的国家，俄罗斯从来都不缺少滑雪所必需的自然条件，其境内的高加索山脉地区可以说是真正的滑雪天堂。但俄罗斯人的冬奥会之路走得很崎岖，直到1956年才首次参加意大利科蒂纳丹佩佐冬奥会，当时的身份是苏联。但他们一鸣惊人，首次参赛就超越所有对手，在奖牌榜上名列第一。至于俄罗斯的滑雪产业，更是长期与其冰天雪地的地理环境相去甚远。可以说，直到2012年，也就是索契运动会开幕前两年才真正开始腾飞。

长期阻碍俄罗斯滑雪产业正常发展的因素是政治与经济。即使是在俄罗斯申办冬奥会成功后，以及冬奥会进行过程中，西方媒体依然热衷于抨击和唱衰索契冬奥会。当时有媒体表示，俄罗斯对此次冬奥会花费了1.53

万亿卢布（约为440亿美元），而且这个数字在未来还会攀升。横向来看，索契冬奥会堪称有史以来最豪华的冬奥会，俄罗斯建造了14座体育场，增加了1.9万个旅游房间，建设了260公里的公路、200公里的铁路、54座桥梁和22个隧道，外加建设现代化机场以及购物商场等。与此同时，俄罗斯的经济并不好，奥运会历史上也有过不少投资较大但收益不良的例子。

然而事实证明，这些担心是多余的。索契冬奥会的"吸金"能力同样令人咋舌。单是以米沙熊、雪豹、兔子组成的"吉祥三宝"奥运吉祥物，就带来了数千万美元的收益。索契冬奥会的体育营销收入也创下了历史之最，达到13亿美元，是2010年温哥华冬奥会的1.5倍。最为受益的还包括由索契冬奥会带动的俄罗斯旅游业。这座城市原本默默无闻，但因为举办奥运会一举扬名全世界。抛开奥运会前后涌入索契的游客令当地所有的酒店、家庭旅馆一房难求不说，数据显示，索契冬奥会的成功举办，使得近几年前往俄罗斯滑雪的人数翻了数倍，这还是在俄罗斯与西方政治不睦的大背景下。不然，它会给俄罗斯经济注入更多上行动能。

第二章
中国滑雪产业及其对经济的影响

发现滑雪好生意

1. 中国滑雪产业综述

早在史前时代，中国人就开始尝试着应用滑雪。但直到1957年，中国第一次滑雪比赛才在吉林省通化市举行，它是中国近代滑雪运动的开始。由于复杂的历史原因，中国真正意义上的现代滑雪运动还要推迟到1980年。当年，中国参加了美国普莱西德湖冬奥会，并开始引进现代竞技滑雪，这一年在中国滑雪运动发展史上具有里程碑意义。1996年，第三届亚冬会落户中国黑龙江省哈尔滨市，中国滑雪运动由此登上国际化竞技舞台。随后，伴随着经济的逐步腾飞，滑雪运动以及滑雪场开始进入国内，中国最早的以市场为导向的滑雪场——黑龙江亚布力风车山庄滑雪场和吉华滑雪场就问世于此间。此后，特别是黑龙江于2009年举办第24届世界大学生冬季奥运会后，滑雪的概念为更多的国人所熟知，也逐步为更多的年轻人所接受、所喜爱，滑雪运动在中国才真正进入产业化时代。

中国滑雪产业的现状，总的来说是蓄势待发但还未迎来真的爆发。我们可从以下几方面对中国滑雪产业做简单阐述。

中国滑雪场发展概况

没有滑雪场的滑雪称不上产业。

最新的数据显示，截至 2016 年年底，中国共有 646 家滑雪场，较上年增加 78 家，增速不可谓不高；这些滑雪场分布在全国 27 个省、市、自治区，只有香港、澳门、台湾、江西、海南、上海、西藏等少数省市没有滑雪场，分布不可谓不可广。加之中国地域辽阔，适合建大型高级滑雪场的地段数不胜数，未来必定会有更多滑雪场加入阵列。

但是，尽管目前中国已不乏室内滑雪场，也不乏诸如新疆阿尔泰野雪公园这样配备了直升机的超高垂直落差滑雪场，大部分滑雪场也称得上设施完善，但尚不能与发达滑雪国家相提并论，真正达到标准的滑雪场仅占总量的 1/4 左右。再如在人工造雪面积方面，全国造雪面积超过 100 公顷的滑雪场仅 1 家。

目的地度假型的滑雪场在我国数量也很少，仅占总量的 3%，而我国的滑雪场受众恰恰多是连滑雪新手都算不上的非专业游客，相较于运动和旅游，度假也是主要目的。而国内很多中小型滑雪场要么不能提供住宿与餐饮服务，要么极不专业，这只会降低顾客的满意度与滑雪场的回头率。

中国滑雪设备、装备发展概况

滑雪设备主要包括魔毯、索道、造雪机、雪地摩托等，滑雪装备主要是以滑雪服、滑雪鞋为主的滑雪服装和包括滑雪板、滑雪杖、固定器在内的滑雪器械，此外还包括手套、头盔和滑雪镜等配件。

其中，魔毯是滑雪场初级道的必备运力系统。我国滑雪人群呈现的特点是初学者居多，初级道使用率高，因此对魔毯的需求也高。旺盛的需求刺激了魔毯的国产化，目前我国国产魔毯最长可达 440 米，安全性、舒适度以及运输效率都很突出。

索道方面也基本实现了国产化，设计、生产和安全性均达国际先进水平，但一些大型滑雪场在采购设备时有习惯性购入国外品牌的倾向，如奥地利品牌高速缆车 Doppelmayr。

造雪机、压雪车和雪地摩托这三种设备，主要依赖进口。造雪机以美国ＳＭＩ、意大利天冰和迪马克占有率较大，国产造雪机只占很小的份额。国产压雪车在国内市场份额占有量上不仅更小，而且国内不少中小型滑雪场或受困于资金，或意识不到压雪车的使用价值，均未配备压雪车。雪地摩托基本为进口品牌，价格在10万～20万元人民币，加拿大庞巴迪和日本雅马哈是主流。

滑雪板等滑雪装备，目前依旧是海外品牌引导潮流，并占据市场核心地位。国产品牌一来缺乏技术积淀，二来很难通过并购收购国外品牌，因此挤不进中高端滑雪板市场。核心玩家比较认可的双板品牌包括阿托米克、迪拿斯达、费舍、诺迪卡、金鸡、所罗门、沃克，单板品牌包括伯顿、耐畴、里德、凯图和里波科技。需要注意的是，这些欧美品牌能挤占全部高端市场不仅因为产品质量好，还得益于成功的营销战略。

以滑雪服为主的服装领域情况稍好，尽管依然有不少消费者会选择动辄千元以上的国外滑雪服品牌，但终究是少数发烧友。国内品牌如探路者、安踏、三夫户外等，至少已经达到了与国外品牌分庭抗礼的地步，并抢占了高、中、低三个细分市场。

中国滑雪人群发展概况

根据测算，2016年我国全部滑雪人次为1510万，较上年增加260万人次，但渗透率远低于日本和美国（10%左右），更不及瑞士和奥地利（30%左右）。同样不可否认的是，中国已位列全球主要滑雪国。

就地域分布情况看，国内滑雪者呈现扎堆现象，北京市滑雪者人数占比最高，黑龙江、吉林、河北、山西、新疆、河南也是滑雪者大省，年增长量均超过 20 万人次。

滑雪者以男性居多，但女性滑雪者占比只是稍落下风，男女比例为 52.17∶47.83。主流滑雪人群集中在 18～29 岁和 30～39 岁两个年龄段，共同占比高达 85.5%，说明国内滑雪人群偏向年轻化。

职业构成显示，滑雪者中占比最多的职业是商人，其后依次为职工、服务行业和教育研究行业。学历方面以本科最多，其后依次为硕士生和高中生。大部分滑雪者月收入低于 1 万元人民币，平均每次人均消费不超过千元。

中国滑雪人才发展概况

中国的滑雪产业发展总体来说称得上"迅猛"二字，以北京为例，随着追求休闲娱乐的中产阶级的崛起，以及 2022 年的冬奥会，近几年春节期间北京及河北周边滑雪场人次都有量与质的跃升。但在如此利好的形势下，也不乏负面新闻，即接连发生滑雪者意外受重伤乃至身亡事件，使得滑雪场安全问题成为关注焦点，在一定程度上影响了滑雪产业的进一步发展。

相关调查表明，无论是滑雪场本身还是经营者与消费者素质，我们都有很多基础课要补。抛开滑雪者往往不愿意花钱系统学习滑雪不说，国内滑雪"教学课程"在教学质量方面也无法保证，很多都是简单拼凑的教程。这主要是中国滑雪人才严重滞后于中国滑雪业的爆发式发展所导致的，大到场地运营、小到雪具护理，各方面都缺专业人才，从业人员大多专业技能不足，这既影响滑雪安全，也影响滑雪产业健康发展。

2. 中国滑雪产业链条分析

滑雪产业是一个庞大体系，它以滑雪运动及滑雪场经营为中心，结合体育运动与旅游休闲等商业项目，涵盖多个关联行业。具体说来包括上游产业、ToB 和 ToC。

上游产业围绕滑雪场运营展开，包括滑雪场设施、设备及器材的研发、生产与销售，如造雪机、压雪机、索道、魔毯、滑雪板、滑雪服等。

ToB 即为滑雪场提供的服务，此处涉及滑雪场地的规划设计和施工建设，也包括餐饮住宿、休闲娱乐、旅游度假等多元配套设施的投资兴建，还包括滑雪培训、雪场救护、安全保护、滑雪赛事、广告营销、媒体资讯、地产、交通等一系列关联产业。

ToC 在这里指为终端消费者即滑雪者提供的服务，包括从线下到线上一系列衍生与增值服务，如门票、个人装备购买与租赁、滑雪教练预约和各类线上社交平台。

现代滑雪运动已经走过了一个多世纪，滑雪产业的形成也不是一日之功。纵观世界各地区滑雪产业链的形成，无不与当地的社会环境、经济变革有着密不可分的关系。亚洲的滑雪产业相较欧洲和北美起步较晚，主要还是因为欧美自工业革命以来始终在各方面站在前沿。日本能成为世界性滑雪大国并带动韩国、中国的滑雪产业，同样得益于它在亚洲先人一步的经济腾飞。另外，滑雪产业受政府政策影响很大。别的不说，没有政府的认可与协调，征地都是个大问题。当然，政府客观上也应该积极介入，以当地经济建设及旅游资源为中心，做好产业引导与政策支持，从政策前端做好产业顶层设计，明确发展方向，并参与滑雪产业链的各个环节，层层管控，全面规划，避免同质化竞争与重复建设，既节约成本，也遵循效益最大化原则。

至迟在20世纪90年代末，国际上已形成滑雪产业的全产业链运作模式，中国未来势必也要向全产业链运作模式转变。这需要我们在两个方面努力，即在区域规划的全产业链模式和企业发展的全产业链模式方向努力。前者，要求各级政府围绕滑雪场的建设与经营，深度布局上下游业务构成，从前期的规划设计，到各项设备的配套研发与生产，鼓励区域内部的自产自销、互相供给的模式，同时深挖供给侧，有效整合资源。后者，要求各企业围绕着滑雪业务，整合产业链上的各个环节，以并购收购、自创自建、连锁联盟的方式，合作共赢，求存图强，从产品的创意与设计、生产与营销，到后期运营与维护，兼顾区域与全球，着眼宏观与微观，打造一站式滑雪服务平台。

目前，我们距此尚有不短的距离。受2022年冬奥会影响，不少地方政府虽已意识到冷冰冰的白雪成为了炙手可热的旅游资源，但主要还是从商业角度出发，而且是并不科学的商业角度。其实中国滑雪产业最主要的问题，在于我们还没有形成自己的滑雪文化。大多数滑雪场都试图复制西方滑雪胜地的模式，但是无法复制西方的滑雪文化。文化如地基，缺少文化积淀，不过是又一场一哄而上的炒作。

由于文化缺失与文化建设的滞后，滑雪产业链的链条虽然足够漫长，但中国滑雪产业从业者只能吃到很小的一块，负债经营的滑雪场不在少数。这主要是因为相对国外成熟市场，国内滑雪市场的绝大部分产值均来自于滑雪场门票收入和滑雪装备的租赁收入，连基本的装备销售与滑雪教学不尽如人意，更别谈将餐饮、酒店、购物中心、休闲娱乐场所等与滑雪运动相结合，乃至发挥"中国制造"的优势，建立本土滑雪品牌，培养各方面专业人才，全面构建滑雪产业链体系了。

可以说，目前中国的滑雪产业链条是有所缺失的，而最需要补上的一环就是本土品牌。去任何一场国内举行的滑雪大赛的赛场，可见来自全国各地的参赛选手从雪板、雪鞋、固定器、头盔和护腿板，基本上全都是使用进口器具。甚至连以人类滑雪起源地为荣的阿勒泰队，也不得不使用专业的进口滑雪器具。

据国际滑雪组织数据，中国滑雪人数未来可达总人口的2%，接近3亿，潜力巨大毋庸置疑，这也与我们的口号"3亿人上冰雪"相吻合。但现在的情况是，不仅中高端滑雪装备和设备市场皆被欧美品牌抢占，以美国滑雪协会为代表的国外强有力竞争者也盯上了中国滑雪市场。这首先是机会，因为滑雪行业协会在促进新滑雪者的开发、推动滑雪学校计划、人力资源开发、滑雪场标准与安全、滑雪场环境管理及加强对外信息沟通与联系等方面发挥着关键作用，是目前中国的滑雪产业链短板，同时也是巨大的挑战，瑞士、美国、法国、德国、奥地利、瑞典及加拿大等世界主要滑雪接待地均有数目不等的滑雪协会、滑雪联合会以及滑雪俱乐部，它们进军中国市场是迟早的事，中国本土滑雪协会必须做好相应的准备。

3. 中国滑雪产业进入黄金期

近年来，中国滑雪产业发生了翻天覆地的变化。归纳起来讲，共经历了三次浪潮。

第一次浪潮始于 1996 年，契机是当年于黑龙江省哈尔滨市举办的第三届亚冬会，再说具体点则是亚东会对场馆的需求以及会后滑雪场馆对普通民众的开放，使普通民众开始接触到滑雪运动。

具体说来，这次浪潮对于中国滑雪产业的发展还有以下四大积极意义。第一，开拓了全新的市场领域，创造了新的经济增长点。第二，加深了人们对滑雪的了解，为滑雪运动由竞技体育转变为滑雪旅游的经济模式提供了可能。第三，带动了区域的经济发展，为滑雪场所在区域创造了巨大的经济效益和社会效益。第四，为中国滑雪业培养了大批人才，为中国形成自己的滑雪文化，打造自己的滑雪产业链并不断开拓、深耕，提供了人才保障。

第二次浪潮起于 2001 年，止于 2010 年，主要表现为北京及河北等地的滑雪场的兴建与发展。2001 年，仅北京一地，投资超千万元的滑雪场已达 13 家。河北省仅随其后，尤其是张家口市，依托自身地理条件与毗邻首

发现滑雪好生意

都的优势，于2003年开始发力，以万龙滑雪场为龙头，在长城岭滑雪场、多乐美地滑雪场和云顶乐园的呼应下，开启了京冀滑雪产业的提档升级，也为此后该地区形成全国首个产业集群打下了基础。

同期，受国家滑雪产业"北雪南移"战略的影响，其他地区的表现也很优异。不仅四川、湖北、云南等地相继有滑雪场建成，上海、深圳等全无滑雪资源的大城市也建起了室内滑雪场馆。黑龙江、吉林与新疆等冰雪资源丰富的传统滑雪强省，也在原有基础上大力拓展融资渠道，把滑雪推进了真正意义上的产业化轨道。

第三次浪潮为2010年后至北京申办冬奥会成功，这一时期，国内滑雪场数量每年保持两位数增加，全国各地大中小型滑雪场如雨后春笋般纷纷涌现。在数量增长的同时，质量也在提高，很多一般意义上的滑雪场实现了向滑雪度假区的转型。

而目前，或者说从北京—张家口联合申奥成功的那一刻，真正意义上的中国滑雪产业黄金发展期开始了。同时我们知道，今年第23届冬奥会在中国的近邻韩国举行，这相当于是对2022年中国北京—张家口冬奥会的预热，两届冬奥会持续在亚洲举办，至少可以保持8年的热度，使奥林匹克精神及滑雪运动在中国和亚洲持续升温。因此说，未来10年会是中国滑雪产业的黄金期，同时，它也是中国周边国家的黄金期与机遇期。

从全球范围来看，滑雪行业的增长目前陷入了停滞甚至缓慢下滑，尤其是传统滑雪市场，比如阿尔卑斯山脉国家和日本。但即使如此，目前全世界的4亿滑雪人口每年依然能创造700亿美元的经济效益。中国由于此前缺课严重，且经济基本面始终优异，近年来称得上是一枝独秀、逆势直上，未来，滑雪这门运动及相关产业必将随着中国综合国力的继续提升获得更多动能，开拓更大空间。

另外，近几年传统滑雪产业强国业绩有所下滑，一定程度上也与这些国家的雪场数量已相对饱和有关，而中国则处在快速增长阶段。仅以滑雪场数量为例，最新的数据是646家，但仅仅在2010年，其数量才只有270家。再前溯至1996年，只有区区9家。而相对于中国几亿级的巨大滑雪者潜在人群，646家的数量远远不够。根据估算，至2022年，也就是北京—张家口冬奥会举办之年，国内滑雪场数量将达到1000座。未来，籍着两届冬奥会先后在东亚举办、滑雪概念必将深入人心的东风，滑雪产业拥有的巨大潜力和庞大的产业链条必将爆炸式释放，以爆发状态展开，从滑雪场度假村的建设，到服装器材、设备设施、人才培训、滑雪体验、表演比赛，再到交通餐饮、"互联网+"等诸多方面，都有巨大市场和广阔的发展空间。大资本也好，个人也罢，都不难在滑雪产业中找到自己的位置。

4. "互联网＋滑雪"下的冰雪产业

几乎从一开始,"互联网＋"概念就与滑雪产业结下了不解之缘。

2015年两会期间,也就是中国北京—张家口申奥成功的同年,"互联网＋"被纳入国家战略,自此,国内刮起了"互联网＋"风暴,互联网特别是移动互联网开始与各传统产业融合并不断提速。中国的滑雪产业严格来说算不上传统产业,但在其发展过程中,互联网必将扮演极其重要的角色。而且这种重要性目前已经得到了极大的体现。

"互联网＋"能从多重维度为滑雪产业链注入新活力,从而带给滑雪产业相应的契机与变革。具体说来如下:

首先互联网在滑雪产业的应用,会增加滑雪场的宣传推广渠道,时效性更强,性价比更高,而且能无限拉近商家与消费者的心理距离,有利于培养滑雪习惯,形成粘滞效应。

以往,滑雪场只能通过报纸、电视等平台做广告,花费巨大而效果未必明显,互联网则带来了宣传推广方面的历史性的突破与转变,推广表现为视觉冲击力强的视频和图文结合的海报、软文等。商家宣传推广内容的平台与消费者接受相关内容的平台同源同频,如微信、微博、论坛等。可以说，在网络时代，借助发达的互联网工具与林林总总的平台，商家不愁推广，消费者也不难找到自己中意的产品与服务。冬奥会申办成功后，国家不断出台优惠政策鼓励冰雪产业发展，也提出了很高的期许，如国家体育总局提出，到 2020 年我国冰雪产业总规模要达到 6000 亿元，到 2025 年要达到 10000 亿元，直接参加冰雪运动的人数将超过 5000 万。没有互联网这个重要驱动力，这无法想象，也无法完成。最有说服力的，就是国家体育总局冬季运动管理中心携手九合天下（北京）科技有限公司推出了中国冰雪官方 APP，以高效、专业的国内外赛事信息和冰雪知识为基础，结合新闻资讯和图片、视频等第一手资料，鼓励大众积极参与冰雪运动、推广冬季运动普及计划，推动冰雪体育文化传承和发展。

其次，引入"互联网+"提升了滑雪场的综合服务。借助互联网平台，滑雪场经营者可将属于线下的滑雪教育延伸到线上，用场景吸引眼球，促进销售；也可以将互联网及相关技术植入滑雪旅游行业，提高用户的消费体验。

以北京南山滑雪场为例，其官方微信公众号不仅可提供全面高效的信息互动服务，方便消费者进行滑雪预订和活动参与，同时可通过"手机商城"与"便捷通道"在线业务，方便滑雪族直接购买滑雪产品，免去到现场排队购票之苦，节省相关费用。其他滑雪场也不落人后，要么是已推出相关服务，要么是准备推出相关服务，范畴包括滑雪预订、设备预租、教练预约、房间预留等。知名滑雪网站滑呗则运用 GPS 定位功能记录用户的滑雪里程、滑雪高度落差以及运动轨迹和运动速度，让雪友为自己的滑雪季留下珍贵档案，增加更多乐趣。

提到"互联网+滑雪"，又不能不提电商与大数据。在滑雪产业，大

数据的运用相当广泛，它为企业做市场研究和分析提供了数据化和科学化的依据，从而帮助电商以及线上线下相结合的实体店快速准确地锁定目标客户，并直接实现与消费者的对接，让消费者用最少的钱和最节省的时间购买到心仪的产品。数据显示，2015年国内滑雪单板的销售总量超过4万副，其中线上销售总量超过1万副。相对来说，那些价格相对便宜的滑雪镜、滑雪手套，以及并不一定滑雪时才穿的滑雪服，销量更大。比如骆驼，最热销的一款冲锋衣在2016年的销量是21万件。随着冰雪运动人群的稳步扩大以及电子商务的日益完善，未来肯定会有更大突破。

互联网思维在滑雪产业中的渗透，不仅仅体现在销售渠道与服务质量上，也推动了整个产业的发展。比如，滑雪类智能可穿戴设备的研发与应用。目前，日本、以色列等科技强国已推出了可显示速度、距离、高度和加速度且有记忆功能的智能滑雪板，可拍摄视频、可接入Wifi或蓝牙连接的智能头盔，具备GPS追踪、动作传感器、碰撞传感器、高度计、防风麦克风、OLED雾灯等多种功能，以及同时具备拍摄、导航、传感功能的VR智能滑雪镜。一些看似简单但功能同样强大的可穿戴智能设备，如可以记录心率、血压和运动过程中各种数据并通过后台运算给出技术上指导的运动手环，不仅很受欢迎，也确实能够对滑雪新手乃至专业级别的运动员提供科技层面的呵护。

最重要的是，互联网提供的社交、资讯和娱乐功能可最大限度地为滑雪运动增加魅力，同时还可破解中国滑雪文化积淀不足的短板。

人是离不开社交的，在一个兴趣圈子里的人更容易成为朋友。基于此，很多互联网应用都围绕社会起家，推出各种雪友扎堆的平台，大家可以在社区里发布动态、交流经验技巧、聊赛事、侃心情、约比赛、互相点赞、评论等，所有跟冰雪有关的话题都可以在里面分享，让更多的人了解了滑雪运动，同时还可以为滑雪场导流、引流，并通过社区了解自身不足，有针对性地予以改进或提升。

另外，过去我国滑雪产业发展缓慢还在于人们普遍认为滑雪是很有难度也很"高冷"的运动，这和该运动在人们日常生活中的曝光度有很大关系。在互联网的帮助下，滑雪运动以及整个冰雪运动体系的相关资讯、新闻、事件可以迅速传播，很多企业也乐得与媒体、音乐界等跨界共赢，推出各种极限冰雪赛事、冰雪音乐节、演唱会、嘉年华等。这些活动借助互联网的强大推动力，可让更多的人感受冰雪运动的魅力，吸引更多的人参与到冰雪项目中来。

5. 滑雪产业发展对地方经济的影响

传统上，我国长城以北的区域在农耕时代被称作"塞外""关外""苦寒之地"等，不适合生活生产，经济远远不及长城以内区域。但因为有了滑雪，一切变得不同。以往的劣势，反倒成了很多地区的优势。

我国北方幅员辽阔，山峦纵横，有些地方一年中大部分时间都处于冰雪覆盖之下，这就为滑雪旅游提供了极为便利的资源优势。在我国南方，高原或山地地区，同样不乏相应的滑雪资源。其他缺乏天然冰雪资源的地区，要么可以通过建室内滑雪馆的方式解决，要么是其他滑雪目的地的巨大客源地，人口红利无限，产业提升空间极大。可以说，我国的滑雪市场无需依赖任何外部市场，自身就能形成闭环，这是很多国家所不具备的巨大优势，我国许多省、市、地区也自然而然地将滑雪旅游当成了当地经济发展的主要增长点，在政策上给予大力扶持，也寄予了不小的期望。

只是由于我国旅游业刚刚处于起步阶段，与其他滑雪发达国家相比配套设施建设、场地维护等方面还存在明显不足，而且存在盲目开发、相互模仿等情况，这必然制约我国滑雪旅游业的正常发展，不利于当地经济的发展。当然，如何能引以为鉴，看到并且针对这些问题，正确利用好区位优势、资源优势，利用上天赐予的冰雪资源发展地区经济，还是应该和必由之举。

在上文中，我们没少提到滑雪对地方经济的影响，这里不妨深入解读一下。

滑雪旅游产业与相应地区经济发展相得益彰

我国北方地理条件得天独厚，很大一部分区域位于寒温带，尤其是东北三省、京津冀地区冬季气候寒冷干燥，平原和山脉相间，高差适中，非常适合开展冰雪运动，为我国冰雪产业创造了得天独厚的地理条件。而且冬季雪期长、雪量大、雪质好，相比一些同纬度其他国家，具有一定的资源优势，很适合开展滑雪旅游。北方大多数地区属于中国老工业基地，经济发展水平相对南方一些城市来说，经济发展水平较低，而利用自身资源开展的滑雪旅游可以为北方的经济发展起到一定的促进作用。黑龙江、吉林、辽宁、内蒙古、新疆等省市地区都在大力开发滑雪旅游资源，滑雪旅游产业确实很好地促进当地经济增长，成为当地经济的一项重要来源。未来，伴随着中国经济的进一步发展，综合国力和国际地位进一步提升，国家魅力与文化吸引力更大，滑雪产业的综合服务水平更好更强，肯定会吸引更多国内外人士前往消费。

滑雪旅游产业可促进当地相关产业发展

除极个别情况外，适合旅游观光的城市大多地处偏僻，工业等重要经济门类缺乏，滑雪胜地尤其如此。这些地区发展旅游业，不仅是势所

必行，旅游业如滑雪产业的发展，还能带动其他关联产业，更好地为当地经济服务。

就滑雪旅游而言，它的生存与发展与其他行业紧密相关。由于大部分的雪场远离市区，交通、餐饮、住宿等条件相对较差，配套设施就显得非常重要。开展滑雪旅游，就需要有能够满足需要的配套措施，例如便利的交通工具，舒适、快捷、满意的食宿条件，设备齐全的医院以及各种体育用品、纪念品生产及销售方面的商业服务。而且滑雪旅游还可以间接或直接带动商业服务、建筑、金融、邮电通讯、会务等相关产业的发展，形成一套完善的集餐饮、娱乐、休闲为一体的旅游项目，从深层次拉动当地的经济发展。

滑雪旅游产业的发展可促进就业

拥有滑雪资源地区，要么工业落后，要么只有落后的重工业，特别是我国东北地区，受历史原因影响，很多城市都是重工业城市，许多城市的产业结构已经不再适应今天中国的整体经济形势，这就导致当地的经济发展受到制约，人们的生产生活水平较低，跟不上同期其他地区的脚步，还存在大量剩余劳动力。大量失业人员的存在，会慢慢产生很多社会问题，影响社会稳定，不利于该地区的经济发展与社会发展。而大力、快速发展滑雪旅游，能够形成对劳动力的需求，创造大量的就业岗位，使得这些就业人员能够得到稳定的收入来源，从而提升社会治安，维护社会和谐稳定的局面，并且有利于当地的经济建设发展。另外，滑雪产业可进一步衍生出器械生产、中介服务、冰雪主体旅游、体育传媒、博彩、康体活动等产业，足以形成很长的价值链，越往后附加值越高，牵动的社会分工就越多，这些地方脱贫致富的几率也就越大，脚步也就越快。而且滑雪经济是清洁经济，既不影响环境，也不耗费资源，同时不影响所在地区立足于滑雪旅游业进行与时俱进的多元化发展。

滑雪旅游产业可以促进当地城市文明建设

滑雪旅游产业首先是一种文化产业，可以充分反映该地区的人文情况，而且这种文化不仅仅包含运动、娱乐、休闲等内容，还体现出当地的历史、经济、建筑、饮食、风俗、艺术等各方面内容。这种特色旅游的存在，离不开当地的人文环境，同时必然要求当地相关从业者具备专业素养，辐射开来，会促进当地城市文明建设。这种良好的城市文明建设，不但可以对当地的文化起到很好的宣传作用，缔造品牌形象，而且还可以给国内外游客留下深刻印象，从而更好地为开展广泛的经贸合作和招商引资创造便利的条件，反哺当地经济更快更好地发展。

第三章
2022 年冬奥会对中国经济的推动

发现滑雪好生意

1. 2022年冬奥会的数据解读

众所周知，北京携手张家口申办2022年冬奥会成功，国家政策倾斜，产业发展如沐春风，中国的冰雪产业将迎来前所未有的黄金时代。但具体有哪些机遇？我们不妨通过以下几个数据，盘点一下。

3亿人上冰雪

表面上看，第24届冬奥会花落北京—张家口有点命中注定的感觉：起初，申办城市共五个，分别是中国的北京—张家口、波兰的克拉科夫、挪威的奥斯陆、乌克兰的利沃夫、哈萨克斯坦的阿拉木图。但克拉科夫、利沃夫、奥斯陆先后因为民众反对、政府不支持和政治动荡退出了竞争，只剩下阿拉木图一个对手。多方面的综合因素，导致不少人误认为阿拉木图缺乏竞争力，其实不然，它是哈萨克斯坦第一大城市，也是整个中亚的金融、教育等中心，最重要的是它三面环山，拥有得天独厚的滑雪资源。北京—张家口最终虽然胜出，但对方不过差了四票。究其原因，还在于中国提出的"实现3亿人参与冰雪运动"这个目标打动了很多有投票权的国际奥委会委员。

第三章 2022年冬奥会对中国经济的推动

这个目标不是凭空提出来的，数据背后还有更多具体数据和相应规划。时任国家体育总局局长刘鹏在答记者问时指出："3亿人上冰雪"这个目标在提出之前经过了长期的调查研究和论证，经过努力，它完全可以实现。过去中国冰雪运动历史虽长，但基础很薄弱，特别是参与冰雪运动的地区非常狭小。举例来说，中国参加历届冬季奥运会的体育代表团运动员均来自黑龙江和吉林两省。冰雪群众运动也主要在东北地区开展，华北和西北聊胜于无。而我们知道，仅仅是中国东北、华北、西北三北地区的人口就远远不止3亿，何况这些年南方地区对冰雪运动的推动也很大，也有了相当的发展。只要举措有力，目标就能实现。

相应举措共有以下五点：第一，推动群众性冰雪运动的开展。要点是以经济优先发展为带动，以东北地区提升发展为重要基础，以华北地区、西北地区发展为重点，引领南方地区推动发展。在国家总局的主持下，第一届全国大众冰雪季活动直接参加人数就达到3000万，这还是在申办冬奥成功以前。此外，继续开展现有群众性冰雪运动，比如黑龙江省每年都会开展的"百万青少年上冰雪"活动，再比如吉林省长春市开展多年的"瓦萨国际滑雪节"，效果都非常好。在巩固之前的基础上，开展群众性冰雪运动的南展西扩，具体举措包括在新疆举办第十三届全国冬季运动会，使全国冬季运动会走出黑龙江和吉林两省。同时，在2020年中国还将举办第十四届全国冬季运动会，它是对冬奥会的预热，同时也上承韩国平昌冬奥会及一系列国内外重大滑雪赛事的余温，使大众的冰滑热度不减，持续带动更广领域的群众投入冰雪运动。

第二，鼓励全国各地因地制宜地建设各类适合各种人群活动的冰雪运动设施。20年前，中国的滑雪场还停留在个位数，滑雪在当时的中国很稀罕，而这些年，随着经济发展、人民生活水平提高及冰雪运动的普及，在没有冬奥会申办这样的利好下，仅仅是在半自发状态下，国内冰雪运动设施的发展也非常迅速，超出了很多人的预料。如今，冬奥会申办成功，滑雪场等相关场馆的建设必然会得到更大幅度发展，再加上冬奥会本身也需要兴建、扩建、改建一批场馆，这是实现"3亿人上冰雪"的宏伟目标的必要硬件。

第三，从中央到地方，各级政府在政策措施上下更大力气，引导社会各界都来投入冰雪运动场地设施的建设和冰雪运动、活动和赛事的开展。换句话说，改变过去那种主要由政府主导办赛事、办活动的状况，通过政策引导，包括工商、税务、能源、交通等政策引导，让更多社会资金、社会力量投身冰雪建设、冰雪活动和冰雪比赛。这在操作上并不是什么难事，过往有不少成功的经验，当下势头也非常喜人。

第四，充分发挥各级各类冰雪体育社团，尤其是基层冰雪体育社团作用，开展、带动群众进行冰雪活动，品味冰雪活动的激情与乐趣。这方面，各地都有具体规划措施，黑龙江、吉林等地还颇具经验，在相互取经、不断创新的基础上，假以时日，效果可期。

第五，以冰雪族群带动冰雪体育产业发展。3亿人参与冰雪运动，要建多少冰雪运动的设施？要造多少冰雪运动器材？要组织多少活动和比赛？每一个"多少"背后，都揭示着巨大的市场需求和推动力。3亿人，只是个大概数目，重要的是其背后实实在在的经济效益与社会效益。

10万专业人才

在冬奥会及"3亿人上冰雪"的大目标带领下,中国的冰雪运动肯定越来越火热。大众能从中获得健康和快乐,企业则面临着巨大的商机,个人也可以选择将自身爱好与职业规划完美结合,也就是说做个专业滑雪人,一边滑雪,一边赚钱。

《中国滑雪产业发展报告(2016)》中提到,在冬奥会来临之前,我国要培养1500名冰雪运动高级管理人员,4200名运动员、教练员和裁判员,4300名专业技术人员,15000名服务保障人员,25000名校园辅导员和社会体育指导员,这既是中国作为冬奥会承办国的庄严承诺,也是解决中国现阶段滑雪人才严重不足的有机构成部分。而比照俄罗斯索契举办2014年冬奥会的用人需求,北京—张家口2022年冬奥会所需冰雪专业人才达近10万人。

为此,以北京、河北、东北三省为首的各地政府均已开始编发冰雪运动知识学生普及读本,制作冰雪运动宣传片,开展冰雪运动知识竞赛……鼓励退役运动员、大学生等积极参与冰雪体育创业,并在各方面按相关政策给予补贴,大力推进冰雪运动衍生品创意和设计开发,从各方面为冬奥会及会后的中国冰雪产业发展培养、储备人才。

100所冰雪运动特色学校

鉴于冰雪运动的特色及冰雪产业特殊性,在原有基础上,立足于冬奥会的成功举办,着眼于冰雪运动在中国的长久有序发展,更为了解决中国

目前专业冰雪人才短缺的现实问题，在冬奥会来临前，各地将分批次建设100所冰雪运动特色学校，外加30个大型青少年校外冰雪活动中心，同时大力鼓励、引导社会力量举办各类青少年冰雪运动俱乐部，定期不间断地在各大学组织大学生滑雪，继而辐射至全社会。比较有代表性的如北京大学滑雪协会，该协会每周都会组织大学生参与滑雪，截至目前参加人数已超2万人次。冬奥会、观赛礼仪和冰雪运动知识进校园活动，在北京各高校覆盖率也已达到100%。

对北京、河北、黑龙江、吉林、新疆、内蒙古等已初步建立起冰雪人才培养体系的地区，从专业角度出发，做详细教学规定及长远规划，并面向全国有冰雪资源的地区以及虽无冰雪资源但经济发达的地区推广、铺开，为未来新建天然滑雪场及室内滑雪场，提供从建设、维护到管理、运营全方位的人才保障。

2. 2022年冬奥会对北京经济的影响

2015年7月31日,国际奥委会一锤定音,宣布中国北京—张家口击败对手哈萨克斯坦阿拉木图,赢得2022年第24届冬季奥林匹克运动会举办权,中国首都北京随即成为奥运史上第一个同时举办过夏季奥运会和冬季奥运会的城市,同时也是继1952年挪威的奥斯陆之后时隔70年后世界上第二个举办冬奥会的首都城市。与此同时,中国届时也会成为全球第一个实现奥运"全满贯"(先后举办奥运会、残奥会、青奥会、冬奥会、冬残奥会)的国家。

由于2008年北京奥运会举办得非常成功,有人会说,此次再度举办冬奥会,对北京的影响已经不太大,尤其是与张家口相比。其实不然,从各方面,尤其是经济方面,2022年冬奥会对北京经济的影响还是非常巨大的。

首先,由于过往的原因,奥运会申办有个不成交的规定,就是一个大洲不能连续两届承办奥运会,目的就是为了让奥林匹克精神在全球协调发展。北京与张家口申办冬奥会之前,国际奥委会也已经确定了2020年夏奥会在亚洲的日本东京举行,那么北京与张家口申奥成功,相当于

打破了两重国际奥委会的不成交规定。这是非常难得的机遇，它把全球人的眼球牢牢吸引在东亚的平昌—东京—北京一线，其背后及直观的眼球经济自不待言。

所谓直观的眼球经济，指的是北京作为全球旅游重地，仅2016年全年，北京共接待国内外人次2.85亿，实现旅游总收入5021亿元。这背后有2008年奥运会多少功劳很难统计，但不论是国内外旅游者总数，还是北京旅游业的接待能力和服务质量，都因为2008年奥运会得到了显著提高。冬奥会也是如此，不必等到2022年正式举办之时，仅仅是现在，冬奥会对北京旅游业的积极影响已经在彰显。未来，冬奥会还会为北京创造几十万个就业岗位，其中有一部分会长期保留、延续下去。就索契冬奥会而言，它直接创造的工作岗位就有69万个，北京—张家口冬奥会必定只多不少。

其次，本届冬奥会因为规模且因两地协办，对经济实力已经很强大的北京的经济发展或许不会有过于明显的推动力，但从经济转型的角度来说，对北京有着重大利好，尤其是对北京的体育休闲和体育产业有着较大好处，这同时也是对北京环境压力的有效缓解。加之北京有配套齐全的各类标准化体育场馆，在北京办冬奥会只需增建一所速滑馆，几乎没什么投资，基本上是2008年夏季奥运会场馆的再利用和城市基础设施的完善。最本质的因素，是当时申办冬奥会不是为申办而申办，当时的想法是，即使申办不成功，也可以在北京及其周边地区打造一个以冰雪为主题的旅游带，让北京的旅游没有淡季，也让北京的旅游业更加协地发展。

比如，作为北京冬奥会举办地之一的北京市延庆区由于距北京市区较远，气候也较寒冷，此前始终没有得到与北京其他地区同等规模的发展，此次冬奥会的举办，不仅必然会产生一系列的岗位需求，促进当地就业，除直接受益的体育场馆与基础设施的建设外，交通运输业和旅游服务业也会出现前所未有的增长，在此基础上，延庆区又提出了打造冬奥冰雪休闲小镇的策略，以便拓宽农民长期就业渠道，更好地推动区域经济发展。

此外，在2022年冬奥会前，北京将开通地铁22号线、23号线、24号线、25号线、26号线、27号线、28号线、29号线、41号线共9条线路，更好地为冬奥会服务，也完善并增强自身交通网络，其背后依然有不可估量的隐性经济效益。

最初，东北曾是我国申办冬奥会的首选，如黑龙江省哈尔滨，其现有冰上项目场馆全国最齐全也最先进，即使当时立刻承办也符合国际奥委会的全部比赛和接待标准条件，无须新建一座。这是事实，但相关国际组织到东北等地滑雪场考察后认为，冬奥会期间当地气温会过于寒冷，并且雪层上会形成较厚的冰晶，对高山滑雪等项目有一定影响。

除气候优势外，北京还有其他地区难以比拟的区位优势、技术优势和人才优势。在北京举办奥运会，能连通京津冀经济带，带动京津冀区域的滑雪人群，辐射更大区块的同时，疏解北京城市功能。到2022年，仅北京市参与冰雪运动的人口就将达到800万。北京还拥有丰富经验的专家和技术人才，从业人员技术水平也相较全国水平为高，这些是确保冬奥会成功举办的前提，也是北京滑雪产业未来发展的无形资源。

发现滑雪好生意

3. 2022年冬奥会对张家口经济的影响

相对于北京，2022年冬奥会对张家口经济的影响则是全方位的、本质性的和毋庸置疑的。

张家口位于河北省西北部，乃历史名城，但经济发展不尽如人意，历史上最主要的作用是拱卫北京。改革开放以来，别说是相对经济高速发展的北京，即使与省内经济较为发达的兄弟市比，张家口也相形见绌。其下辖的13个县中有10个国家级贫困县，属四线城市。近年来，得益于京津冀一体化、北京天津两市产业转型等因素，张家口的经济稍有起色，具体到冰雪产业，现在张家口的崇礼坐拥华北地区最大的天然滑雪场，甚至有了"东方达沃斯"的名气，但总体来说还是非常落后。与其坐落于首都圈的地理位置以及各种自然资源十分不符。

获得2022年冬季奥林匹克运动会举办权后，张家口迎来了重要的发展机遇。据推测，仅旅游一项，到2020年张家口旅游业总收入将达到2000亿元，到2044年张家口总GDP将达到15000亿元，排名河北省第三位。

首先，冬奥会在张家口举办，各项赛事的筹办将创造40万个就业机会。研究资料显示，2010年加拿大温哥华冬奥会和残奥会共产生了800个新企业，直接或间接地创造了约 2 万个就业机会。之所以显得比较"少"，是因为加拿大地广人稀，全部人口也不过 3400 多万。当同样的机会落在同样地广人稀但不可同日而语的俄罗斯城市索契时，冬奥会则为其带来了 7% 的经济增长，同时创造了 56 万个就业机会。北京—张家口冬奥会可以为体育、文化、旅游休闲等产业创造共约 60 万个就业机会，张家口会分享其中的 2/3。具体到崇礼，仅 2014 年就新增雪具租售、餐饮服务、酒店住宿等个体工商户 961 家，直接从事与滑雪旅游相关行业的达到 2 万人，占到了全县总人口的 1/6。冬奥会不仅仅是为很多当地人提供了机遇，而是现在就已经改变了很多人的命运。通过从事滑雪教练或相关服务业，很多人的收入从先前两三千元直逼万元大关，这是此前人们不敢想象的。恰如当地很多从事滑雪产业的人说，"以后可能就只做这件事了"，张家口冰雪产业的未来就此奠定。

其次，申奥成功，也会大规模促进当地滑雪产业的发展及产业回报。众所周知，张家口有五大优势：一是降雪期长，滑雪期长达 150 多天；二是雪质雪量有保障，年均降雪厚度达 1 米以上且较均匀；三是温度风速适宜，冬季平均气温为 -12℃；四是山地条件优越，多为中低山脉，山地坡度适中；五是空气质量长江以北排名第一，为京津冀区域空气质量最优城市。此外，张家口还有雪场条件初步具备、配套设施日臻完善等优势。目前，崇礼县共建成万龙、云顶、多乐美地、长城岭 4 家国内知名雪场，五星级酒店 1 家，四星级酒店 3 家，三星级酒店 7 家，规模以上饭店 20 多家，农家旅馆 100 多家。雪场总运力达每小时 4 万人次，酒店饭店可同时接待万人以上住宿、就餐。无须讳言，此前不论张家口的雪有多优质，配套设施多么完善，仅仅是在国内，张家口的名气并不大，很多人相对来说更熟悉的是湖南省的旅游胜地张家界。申奥成功，不仅让张家口的名气直线上升，未来伴随着雪场的完善、宾馆酒店等服务设施的建设高峰，必然会赢来滑雪爱好者消

费的高峰和永续发展。

我们知道,张家口的自然资源并不仅限于冰雪,比较知名的还有坝上草原与草原天路、长城、温泉等。在申奥效应下,在滑雪旅游的带动下,未来张家口会逐步形成多点支撑、多业融合的大旅游格局,同时大力发展旅游相关产业,促进旅游与其他产业有机融合。在申奥是否成功尚未可知的 2014 年,张家口接待国内外游客就较上年增加了 20%,旅游业总收入达到 237.6 亿元。

最后,申奥成功,尤其是与北京携手申办冬奥会成功,使得张家口以其他城市不可比拟的优势率先融入了首都经济圈。受限于现阶段的经济状况,张家口无数滑雪场馆的营收与发展还要着落在首都的高净值顾客上,很多滑雪爱好者还选择了在张家口置业,进一步带动了当地经济与就业。与此同时,京张城际铁路项目建成后,会将以往需要数小时的交通时间缩短到 1 小时之内,仅需 40 多分钟,张家口由此进入"首都一小时经济圈"。张家口崇礼直达北京马甸桥的高速公路项目,则让自驾车族更方便快捷地来往于京张两地。张家口军民合用机场也已通航。张家口与北京及周边地区高速公路、铁路、航空网络的日趋完善,能更好地、更深层次地与北京携手发展,运用北京的资金和人才优势,进一步提高年接待能力,承办更多赛事,更好地响应国家提出的大力发展冰雪运动的号召,在实现自身经济跨越式发展的同时,为"带动 3 亿人参加冰雪运动"的国家冰雪产业目标做出扎扎实实的贡献。

总之,张家口这座长期经济落后的塞上名城,如今将因为在 2022 年举办冬奥会而焕发出勃勃生机,同时为京津冀协同发展战略提供有效平台。借由一场盛大赛事,张家口将一下子跃上国际舞台。在 4 年后的雪季,张家口必将吸引更多的目光,成为世界关注的焦点。

4. 2022年冬奥会对中国经济的影响

在上文中，我们分别论述了2022年冬奥会对两个申办城市北京和张家口的经济影响，那是不是说，冬奥会的价值仅限于京张两地呢？

显然不是。可以说，2022年冬奥会的价值和意义是全国性的。少数民众及媒体目下对它的争议，只是他们从申办之初即有的一些模糊乃至偏颇的认识的延续。显然，我们也有必要从下面一些具体层面来厘清这些认识。

首先，中国申办冬奥会，是经济发展水平和成果的体现。世界上越来越多的国家对奥运会保持着持续热情，主要是因为举办奥运会不仅有面子，也有里子。2022年北京—张家口冬奥会的申办过程有些特殊，5个申办城市自动退出了3个，但就这些国家来说，并非自己不想承办，而是迫不得已。而且在退出过程中，相应的国家和城市一直在努力；有的城市在正式退出之后，还表示将积极申办下届冬奥会。比如利沃夫，众所周知，自克里米亚危机以来，乌克兰国内政局持续动荡，此种情况下筹备与举办奥运会显然不现实，其不退出，奥组委也不会同意。也正是利沃夫市，在正式提出退出2022年冬奥会的申办时，表示将积极申办2026年冬奥会。当时，利

发现滑雪好生意

沃夫奥申委主席谢尔盖-冈察洛夫在接受采访时说:"我们一直强调的是,如果不能完全兑现承诺那么我们就不会继续申办,鉴于当前乌克兰的局势,我们认为申办2026年冬奥会是更加明智的,我们仍然认为主办奥运会可以给利沃夫和整个乌克兰带来积极的影响。"前面已经讲过,世界各国之所以对奥运会保持热情,主要还是因为奥运会这样的全球盛事在哪举办,就给那里带去了巨大的"注意力经济"和更大的社会效应。很显然,在已经成功举办2008年奥运会的基础上,继续举办2022年冬奥会,有助于进一步提升我国的国家形象,增强我国软实力,提高中国的国际地位,赋予中国制造更多的内涵与认知度。

其次,我们知道中国当前正在跨越中等收入门槛。对于处在工业化加速发展时期的国家,奥运会是最有效的助力和加速器。1964年的东京奥运会、1988年的汉城奥运会都很有代表性地说明了奥运会对处在工业化加速发展时期的国家经济所具有的特殊价值。我国也并不是没有先例可循。2008年奥运会的成功举办,在有形层面拉动了消费需求、投资需求、出口需求,扩大就业、调整产业结构作用明显,国内众多企业也借助奥运会推进了品牌经营的跃升;在无形方面则对我国经济发展环境、开放度、国家声誉、形象和信誉度等方面产生连锁影响,这些最终又扎扎实实地体现在带动经济上。2008年北京奥运会的举办,就给我国经济带来了前所未有的大发展,全国每年GDP额外增长0.3%～0.5%,新增180万就业机会,社会消费品总量超15000亿元。现在,我国体育产业化已发展到一定阶段,同时也存在着规模依然较小、发展不太平衡、生产管理粗放等问题,正需要有一场重大赛事来激发其潜力,更好地引导社会消费、调整产业结构、推动国民经济发展。

第三章 2022年冬奥会对中国经济的推动

不可否认，举办奥运会确实需要投入较大的财力、人力和物力。同样不可否认的是，奥运会是城市乃至国家发展的加速器，相对于其并没有外界想象得那么夸张的投入来说，其对举办国家经济、社会、文化等领域的推动作用无与伦比。

以索契冬奥会为例，其510亿美元的花费号称"史上最昂贵的奥运会"，但是这些投入在很大比例上是投入到城市基础设施的改善方面。翻新的机场、改造的火车站、新建的公路、匹配的酒店及各类公共服务设施，并不会因为冬奥会的结束而丧失价值，还会在未来发挥其固有作用，同时作为城市旅游资源为城市及国家旅游产业服务，而且还不限于此，其为俄罗斯带去的是长期的经济、文化、生活等方面的综合效益。仅从短期效益看，索契冬奥会虽说花费巨大，但依然是赢利的。而2022年北京—张家口冬奥会一方面可促进2008年奥运会遗产的利用，另一方面能促进"双奥运"品牌遗产的形成，性价比与费效比远在索契冬奥会之上。

曾经有人质疑：民生问题没有解决，办冬奥会还有必要吗？这个问题简化一下，可以表述为：要民生，还是要奥运？其实，办国家大事与解决民生问题不是此消彼长的关系，更不是零和博弈。民生问题不可能一朝一夕、一蹴而就地解决，也不可能通过推进某一个领域的发展、通过组织某一次活动解决，而是要通过实现国家的持续发展才能最终相对解决，而举办冬奥会恰恰有利于推动国家的发展战略。

2022年北京—张家口冬奥会的举办也会给民生带来直接的、看得见的改善。具体说来包括带动就业，增扩招商引资渠道，加快本地（主要是张家口）资源开发，拉动相关产业发展，提升城乡整体形象，增强区域竞争力，促进空气改善，使交通更便利，改善旅游住宿条件，场馆、

设施等在赛后向公众的开放等。冬奥会是一盘经济大棋局，关键在于我们如何运作。

如果说2022年冬奥会的成功举办还存在什么难点的话，那就是国际奥委会强调的Engagement（参与），即更多地调动社会公众的参与热情，从而达到让冰雪运动深入人心的终极目的。举办冬奥会的要义也正在于此，突破口则恰恰是举办冬奥会本身。中国的现实情况是，长期以来春夏秋季三季运动较多，群众也比较能自发锻炼，而冬天的运动项目就相应少很多，气候问题导致老百姓冬天也不爱锻炼，连带冬季用品（包括运动用品）的销售都很有限。而举办冬奥会，实际上是打开一个完全没有的、相对空白的新世界，让老百姓冬天不再"猫冬""窝冬"，而是更积极地投入自然、投入体育运动当中，在领略自然的同时，超越自我的惰性，形成一种积极的人生态度和价值观。

5. 冬奥会与中国未来冰雪产业的发展

2022年冬奥会的价值和意义虽然宽泛，但最终还是要聚集在中国的滑雪产业上。按照国际奥委会的看法，2022年冬奥会将会在以下七个方面对中国产生积极影响：①发展冬季体育事业；②增进人民健康，提高民众福祉；③提高中国冬季体育项目的竞争力；④带动大众参与冬季体育项目；⑤促进残疾人士参与体育活动；⑥为2008年北京奥运会场馆增添延续遗产；⑦进一步提升社会的奥林匹克价值观。

结合现阶段冰雪产业发展现状，国内专家的研究更加具体，也更具现实意义。

首先，申奥成功有利于促进、促成京津冀滑雪产业一体化。2016年4月，由中国社科院财经战略研究院和中国社科院旅游研究中心联合社会科学文献出版社共同发布的《中国旅游发展与预测》指出，2022年冬奥会将形成京张体育文化旅游带和世界冰雪旅游胜地。特别是作为冬奥会的重点配套交通项目京张高铁的通车，将直接把张家口拉入首都"一小时经济圈"，少了它，就缺少讨论京津冀的冰雪产业一体化的硬件基础。同时，冬奥会的举办场地分布在京张两地，两地体育局均已提出要抓住冬奥会契机，发

展冰雪产业，打造冰雪特色体育旅游业，推进京津冀地区冰雪产业一体化协同发展与京津冀体育经济圈建设。

此次冬奥会毫无疑问也会成为京津冀乃至全中国滑雪产业集群化的助推器，并为滑雪产业"中国制造"的国际化发展提供平台。未来10年，以冬奥会为核心，以京津冀为节点，中国将形成严密、多元的滑雪产业链集群，包括基础设施、设备器材、环境保护、旅游服务、电视传媒，同时也将催生一些新的产业业态。此前，《张家口市人民政府关于加快冰雪运动振兴发展的意见》已指出，要"以冰雪文化产业园和冰雪装备产业园为平台，加大招商引资力度，积极引进一批国际一流的冬季项目体育器材、装备制造企业，形成产业集群，打造与冰雪体育运动核心区交相辉映的冰雪体育装备用品制造产业区，逐步发展成为具有全球影响的冬季体育用品研发、生产和交易中心"。的确，现在国内属上游产业的滑雪装备制造几乎还是空白，我们没有理由不利用这个天时、地利、人和的历史机遇，大力发展冰雪装备制造产业。

其次，大型赛事会产生产业关联效应，对区域内产业结构升级、经济长期及短期增长、区域品牌及空间集聚产生影响。与产业聚集效应不同，产业关联效应是指冬奥会可以促进以体育运动为核心的第二、第三产业的发展，如体育博彩、体育娱乐业、体育服装及相关教育咨询、服务业及建筑业。据预测，此次冬奥会将带动冰雪产业每年创造300亿元左右的收入，关联的其他产业收入预测将达到3000亿元以上。

大型赛事自身也有关联效应。一场大赛下来，由于具备了专业场馆和相应人才，接下来会吸引更多的赛事。好的赛事可以最大限度地带动参与者的热情，一个优秀的赛事甚至可以成为一个地区的标志，认识到这一点，我们还可以借助冬奥会遗产打造自己的赛事IP，比如温网之于温布尔登、美国大师赛之于奥古斯塔。

有一个现象确实引人注目,那就是历史上一些举办过冬奥会的城市,并未取得理论上应有的发展。比如美国的普莱西德湖,它在1932年举办冬奥会时只有2700余人,直到现在也不过3000余人;再比如瑞士的圣莫里茨,这个全球最早的滑雪圣地,只有6000人左右;稍好但类似的例子包括奥地利的因斯布鲁克、法国的阿尔贝维尔、挪威利勒哈默尔,等等。曾有研究表明,即便是2010年温哥华冬奥会,也没有对当地乃至全国冰雪运动人口的增加产生明显促进作用。但是毫无疑问,冬奥会之所以会对上述举办冬奥会的城市和经济发展影响有限,除了冬奥会相对夏季奥运会规模较小外,一个重要原因是这些举办冬奥会的城市人口均不足100万。凭北京和张家口具有的2600多万的人口效益规模,再加上中国是个冰雪运动人口有巨大增长潜力的国家,冬奥会肯定会在增进冰雪运动人口方面产生上述国家难以比拟的冬奥会效益。

具体到瑞士的圣莫里茨等世界级滑雪圣地,我们还应该看到,尽管这些地区本身从表面上看似乎没有太大的发展,但这主要是因为我们看惯了动辄千万级的世界级大城市,重规模而不重内涵;同时,抛开圣莫里茨本身的发展这个话题不谈,我们知道,整个瑞士每年的滑雪旅游业接待游客量高达1500万人次,接近瑞士人口的两倍——819万,创收近百亿美元。瑞士国土也不过4万多平方公里,而我们的京津冀首都圈有多大呢?将近22万平方公里。瑞士有瑞士的特点,有长期的积淀,但我们有我们的优势,同时有瑞士所不具备的资源。能否利用冬奥会实现中国未来冰雪产业的发展,关键在于我们能否发挥自身优势,利用好自己的资源。

第四章
中国南北方冰雪市场现状分析

发现滑雪好生意

1. 盘点中国南北方主要滑雪场

我国滑雪产业呈现明显的区域特点,这主要与我国南北跨越纬度太广有关。总的来说,我国大部分地区在温带,小部分在热带,无真正意义上的寒带。表面上看,这对滑雪产业来说不是优势。但前面讲过,滑雪目的地贵在温度适中,太冷了反倒不适合滑雪。滑雪也不是滑冰,除了雪,还需要山,我国是多山国家,并且多高山,因此即使是在南方,也不乏滑雪资源。

另外,说到中国滑雪产业以及中国滑雪场的南北问题,我们要有相对概念。以北京为例,东北、西北及内蒙古的滑雪场自然算北方,但北京本身也是北方,尤其是相对于四川、云南、贵州等地的滑雪场而言。

当前,我国滑雪场主要集中分布在东北地区、华北地区、西北地区、西南地区几大板块。下面我们按照相关分布对国内著名滑雪场做基本介绍,以供参考。

东北地区

一、亚布力滑雪旅游度假区

亚布力滑雪场位于黑龙江省尚志市东南部,距哈尔滨市 190 公里,清朝时为皇室及满清贵族的狩猎围场。亚布力滑雪场是目前国内最大的滑雪场，也是我国目前最大的综合性雪上训练中心。它地处长白山支脉张广财岭余脉，由三座山峰构成（大锅盔山、二锅盔山和三锅盔山），主峰1374.8米。平均气温-10℃，积雪期170天，滑雪期近150天，最佳滑雪期为每年11月中旬至次年3月下旬。

亚布力分竞技滑雪区和旅游滑雪区。竞技滑雪区拥有9条高山滑雪道、7条越野滑雪道、6条滑雪缆车，其中包括1条六人吊箱式缆车和1条防风罩吊椅缆车，它的高山滑雪道是亚洲最长的。同时，拥有国际标准的花样滑雪跳台、90米级高山的滑雪跳台、冬季两项靶场、室内体育馆各一座，专业教练百余名，先后承办过包括亚冬会在内的数十次国内外各种滑雪赛事。旅游度假方面，它属国家4A级景区，群山环抱，林密雪厚，配套设施齐全，星级宾馆9家，集餐饮、住宿、娱乐、休闲、度假、会议于一体。

二、吉华长寿山滑雪场

吉华滑雪场位于黑龙江省宾西森林公园，有"中国滑雪之乡"之称，距哈尔滨市区38公里，四面环山，中为盆地，形成天造地设的滑雪港湾。国家SSS级滑雪场，雪量大、雪质好，年雪期长达150天，第八届中国黑龙江国际滑雪节主办地。

吉华滑雪场累计投资数千万元，建有初、中、高级雪道及儿童雪道、U型槽、猫跳等各类雪道15条，总长度30千米，其中最长雪道长度2300米，初级雪道宽度为100米，是初滑者最佳滑雪场地。雪场拥有压雪机2台，造雪机12台，进口雪具、雪服10000余套，缆车3部，拖牵9条，可同时接待5000人滑雪，日接待能力达10000人次。雪场还开设有滑雪学校，有专业滑雪教练为游客提供服务，同时配备餐饮、住宿、休闲娱乐、会务中

心等配套设施15000平方米，致力于打造亚洲最大单体综合滑雪服务中心。

三、龙珠二龙山滑雪场

位于黑龙江省哈尔滨市近郊二龙山风景区内，占地面积78万平方米，拥有2座大型初级滑雪场，1座儿童滑雪场，8条初、中、高级雪道和1条单板专用道，建有4条拖牵旅游索道和1条高空索道，雪道总长度3800余米，有效滑雪区域达20000平方米。

雪场开平民滑雪之先河，多年来，只提质量，不提价格。拥有进口名牌雪具4000套，滑雪服2000套，压雪机1台，造雪机3台，雪地摩托8台，宾馆3处，餐厅4处，仅三星级涉外旅游饭店龙珠贵宾楼就可同时容纳2000人就餐，1100人住宿。除滑雪外，还有室外娱乐项目30余个，包括雪地摩托、雪地越野车、冰滑梯、马拉雪橇、观光索道、滑道、高空溜索、人工攀岩、水上摩托、豪华游艇、豪华快艇、网球场、匹特博彩弹射击场、夜总会、洗浴中心等，建有东北地区最大的滑草场和滑草车场。

四、龙珠远东国际滑雪场

位于有着"欧亚之窗"的黑龙江省黑河市，是我国最北端的省级风景名胜区，也是我国东北地区和俄罗斯远东地区第一家大型边境国际旅游滑雪场，国家SSS级滑雪场，并成功举办了第七届中国黑龙江国际滑雪节暨黑河龙珠远东国际滑雪场首滑式等大型赛事与活动，是集浏览、观光、娱乐、美食、避暑于一体的多功能度假区。

龙珠远东国际滑雪场自然条件优越，夏季凉爽宜人，冬季降雪丰沛，年平均气温-0.4℃，适滑期长达174天。拥有高、中级雪道4条，总长度6000米，平均坡度在18度左右，难度适中；另建有儿童滑雪场、初级滑雪教练场地、冰上乐园、雪地摩托专用道等设施，并配备双人吊椅缆车、拖牵索道、进口压雪机、大口径造雪机，建有租赁中心、滑雪学校、咖啡厅等配套服务设施。

五、铁力日月峡滑雪场

坐落在黑龙江省小兴安岭南麓、呼兰河上游的日月峡森林公园，依园内拱北峰而建，距铁力市37公里，占地面积大，森林覆盖率高，交通便利，设施齐全，规模宏大。集健身、休闲、度假、娱乐、餐饮、住宿于一体。

滑雪区山峰层峦叠嶂，各类树种齐全，按SSS级标准建设有三条高、中、初级和一条U型单板滑道，总长度5000多米。娱乐区建有2000多米长的高山滑道，200余米长的高空溜索，还有攀岩、蹦极、高尔夫球、高山自行车、网球、卡丁车等娱乐设施。别墅区占地面积约8万平方米，共50座森林休闲别墅，三面环林，一面靠山，依次分布于雪道对面的森林之中。同时，依托小兴安岭原始森林资源，提供戏雪、狩猎、漂流、观光、探险等特色活动，乐趣无穷。

六、兴安湖度假村滑雪场

位于黑龙江省大兴安岭南坡加格达奇郊处的低山丘陵地带，总面积1925公顷，建有滑雪道1200米，索道两条，滑雪用具800套，配备专业教练，建有滑雪培训大楼。

园内林间别墅错落有致，座座木结构房造型各异，还开凿有一座面积50公顷的人工湖，汇聚无污染的天然泉水，年产冷水鱼近5万公斤。夏季可提供游艇、象形艇、碰碰船、戏水游弋，冬季提供滑冰服务。此外还有赛马场、射击场、狩猎场和儿童乐园，餐饮、住宿、会议、娱乐等设施一应俱全。

七、华天乌吉密滑雪场

位于黑龙江省尚志市西郊，距哈尔滨市114公里，紧邻国道，交通便捷。

华天乌吉密滑雪场始建于1964年，SSS级标准，曾多次举办大型滑雪赛事，培养了700多位滑雪金牌运动员。

这里环境优美，空气清新，景致多，雪情好，有高山索道、越野索道和吊椅式索道，还有狩猎场、雪地滑板、摩托等一系列滑雪旅游设施，提供800米、1100米、1400米三种长度的雪道，可满足不同层次的滑雪爱好者的需求。各式餐厅、别墅设备齐全，娱乐项目十分丰富，包括狗拉扒犁、马拉扒犁、雪地摩托车、野外极限挑战等。

八、牡丹峰滑雪游乐场

地处黑龙江省牡丹江市东南郊15公里处牡丹峰国家自然保护区内，是全国距中心城市最近的滑雪场之一。此地山川秀美，风貌别致，建有雪具室、休息室、小别墅、餐饮厅等多功能配套设施，备有高级进口雪具和滑雪服，可接待个人、家庭和团体滑雪，学生优惠。

滑雪道长1200米，宽90米，备有2部运载滑雪者的动力拖牵。还配备有高能彩色射灯，为滑雪爱好者夜间滑雪提供了可能。配备加拿大进口雪地摩托，开辟了雪爬犁路线，冰上乐园有冰刀、冰尜等。

九、绥芬河国家森林公园滑雪场

位于黑龙江省绥芬河市区以西10公里，距301国道18公里，交通便利，与俄罗斯滨海边疆区相毗邻，有两条公路和一条铁路与俄罗斯相通，可滑雪，可狩猎，可观光，设施完备，服务齐全。

占地面积2176公顷，地势起伏，雪质优良，积雪期长达5个月，有初、中、高三级天然雪道，主打"戏边陲瑞雪，赏异域风情"，配备高档雪具和专业滑雪教练。

十、辽宁弓长岭滑雪场

坐落在辽宁省辽阳市弓长岭汤河风景区内，占地100公顷，是辽宁省最大的滑雪场,也是集旅游观光、健身娱乐、休闲度假、专业比赛于一体的大型休闲场所。距本溪市34公里,鞍山市35公里,辽阳市30公里,沈阳市70公里,交通方便,四通八达。自然条件独特,场地优越,雪质好,雪期长,是被省体育局指定的青少年户外体育活动营地,曾两度举办全国高山滑雪系列赛及2007年东北三省"弓长岭杯"滑雪邀请赛、全国大众滑雪比赛等。除滑雪外,还提供雪圈、雪地摩托、马爬犁、狗爬犁、冰车、滑冰、冰上碰碰车、冰尜等项目。

雪场拥有268米的雪圈场地,380米的儿童场地,400米的爬犁场地,600米的教学场地,300米的雪地摩托车场地,400米长、100米宽的四条初级雪道,1300米长、120米宽的综合雪道,1400米长、70米宽的国际标准小回转雪道,1000米长、50米宽的情侣休闲雪道,架有10条拖牵和一条1200米长的空中索道,被中国滑雪协会认定为全国最安全的滑雪道。造雪面积65万平方米,滑雪通道高差218米,宾馆设有高、中、低档房间数百间,汤河温泉24小时开放,观光咖啡吧、室内咖啡厅、大餐厅、风味小吃,应有尽有。

十一、沈阳怪坡国际滑雪场

位于辽宁省沈阳市AAAA级风景区怪坡风景区内,群山环绕、林海苍茫,距市区25公里,公路、铁路交通方便。雪场总面积20万平方米,拥有高级滑雪道两条,中级滑雪道三条,初级滑雪道三条,雪上飞碟道一条,同时配有单板U型槽、猫跳、空中技巧训练场等,另辟5万平方米的冰雪娱乐区。雪场宽阔,设有VIP贵宾厅、中西式餐厅、咖啡厅、会议室、雪具专卖店、超市等服务设施,服务品质一流。

配备先进的雪道平整设备和半自动造雪系统,设有雪地电梯及缆车,

安全、便捷、运力大。管理制度严谨完善，建有专业的滑雪学校，滑雪教练200余人，可为各阶段的滑雪爱好者提供一对一全程陪护指导。

十二、北大湖滑雪场

地处长白山余脉，位于吉林省北大湖开发区，距吉林市区49公里，山坡平缓，气温适宜，雪情良好，少风甚至无风。始建于1993年，是我国重要的滑雪运动基地和旅游滑雪中心，承办过第八届全国冬季运动会雪上项目比赛和1995、1996两年度全国滑雪比赛，2007年第6届冬运会雪上项目等。

可满足高山滑雪、越野滑雪、跳高滑雪、自由滑雪、现代两项及雪撬、雪车等雪上项目需求，设备全部进口，配套生活设施齐全，达到国际雪上竞赛场地水平，集竞赛、训练、旅游、健身康复于一体。现有高山雪道11条，总长度20公里，雪道最大高差达870米。有滑雪索道7条，10公里环型越野雪道1条，冬季现代两项靶场1座，跳台2座，空中技巧滑雪台1座，旱地雪橇道1条。

十三、净月潭滑雪场

位于吉林省长春市净月潭国家风景名胜区内，距市中心18公里，公路、铁路、飞机交通方便。雪场三面环林，一面临水，平均坡度15～25度，气温适中，雪质松软，适合各种不同类型的滑雪爱好者。从2004年，每年都是中国长春净月潭瓦萨洛佩特国际滑雪节举办地。

雪道面积55000平方米，专用设备有加拿大邦巴帝尔压雪机1台，雪神造雪机6台，雪地摩托10台，滑雪板3000副。配单人吊椅式架空索道一条，落差88米的双人吊椅式架空中索道一条，两条拉杆式拖牵和一条全球最长的1616米六管式滑道。冰雪项目丰富多彩，包括热气球、雪地摩托、雪上赛马、雪上跳伞、滑冰、打冰壶、滑雪胎、雪地自行车、马爬犁、狗爬犁、鹿爬犁、冰坨螺、堆雪人、雪雕与冰雕作品展览等。

十四、松花湖滑雪场

位于吉林省吉林市丰满区松花湖畔，山多林茂，空气清新，风沙小、污染少、雪量较大，雪期较长，雪厚时可达 1 米以上。隶属吉林市体育局，曾举办中国第六届冬季运动会、中国第二届青年冬季运动会、中国跳台滑雪锦标赛等其他不同级别的雪上项目比赛，是中国著名的城区滑雪场。

占地 35 万平方米，现有高山滑雪道两条，分高、中、初三级滑雪路线；越野滑雪道一条，长度 5000 米；加空索道 3 条，50 米级跳台一座；现代两项射靶场、雪上乐园各一座。坐拥松花湖、五虎岛、蘑菇岛等旅游资源，有马拉爬犁、雪地摩托、雪橇等设施。

十五、长白山国际度假滑雪场

位于吉林省白山市抚松县，占地面积 7 平方千米，降雪量 1.5～2 米，雪期 150 天。地势呈壶状，雪道多变，分布于主峰东、西、北三个方向。已建成滑雪道达 43 条，总长 30 公里，包括 9 条冬奥会标准的高级雪道。另辟国际标准的单板 U 型槽场地、Mogul 场地，可承办国际单项赛事，可夜间滑雪，充分满足不同滑雪爱好者的需求。

长白山国际度假区为国内第一家多业态国际型四季度假区，作为度假区最重要的旅游项目，滑雪场采用意大利天冰造雪系统，引进多条国外进口的顶尖索道设备，配备 4 台进口压雪车，保证舒适、安全的滑雪条件。配备师资力量雄厚的滑雪学校和敬职的雪上巡逻队。建有滑雪服务大厅及儿童滑雪场，有丰富多彩的雪地娱乐项目，如狗拉雪橇、马拉爬犁、雪上冲浪、温泉 SPA，满足度假者的多元化需求。

发现滑雪好生意

华北地区

一、阿尔山滑雪场

位于内蒙古自治区阿尔山市，由西山滑雪比赛、训练场和东山滑雪游乐场两部分组成，是大型多功能雪上运动游乐场所，也是目前内蒙古自治区唯一一家集各种比赛、训练和大众娱乐为一体的大型多功能滑雪场。

西山滑雪比赛、训练场按国际比赛标准修建而成，滑雪场面积约5.5平方千米，以越野滑雪为主，兼顾高山跳台与自由式滑雪。东山滑雪场面积约4平方千米，以高山滑雪为主，兼顾单板滑雪，雪道直通城中温泉区，将滑雪与温泉洗浴及游泳联系起来。两地都配备有进口索道、造雪机、压雪机、雪地摩托车等设备。

二、木兰围场滑雪场

位于河北省承德市塞罕坝国家森林公园内，距北京350公里，距承德150公里，交通便利。总占地近170公顷，平均海拔1600米，拥有中国第一大人工综合林带，森林、草原面积广阔，集滑雪、狩猎、射击、雪地摩托、马拉雪橇、狗拉雪橇等游乐项目为一体。积雪期长，雪质纯净，拥有多处天然森林雪道，分初、中、高三级，可满足不同层次滑雪爱好者的需求。

滑雪道由法国专家设计，配备两条进口拖牵式索道，以及滑雪板、滑雪靴等设备。设置中高级客房数十套，并有乡村火炕、满蒙菜系、烧烤全羊、坝上纯天然绿色食品及野味系列。

三、塞北滑雪场

位于河北省张家口崇礼县，距北京250公里，车程短，道路新。冬季平均降雪量超过1米，森林茂密、空气清新，海拔1500～2000米，辅以人工造雪，滑雪期达 150 天。配备进口滑雪索道、造雪机、雪地摩托车、扬雪机、雪地坦克等现代雪场设备，有专车运客上山。

辟有多条适于初、中、高级不同滑雪水平的滑雪道，总长度近 7000 米。另外还建有儿童滑雪区、灯光滑雪区、跳台滑雪区、大场面滑雪区域以及滑雪圈道、雪橇道、越野滑雪道等，拥有千余套进口滑雪器材，几百副儿童滑雪器具，几十只雪橇，近千套滑雪服装，规格齐全。建有雪山公寓、白桦山庄、雪人宾馆、四栋别墅等住宿餐饮娱乐设施，可骑马、跳伞、滑草、射箭。

四、万龙滑雪场

位于河北省张家口市崇礼县，为国内首家开放式滑雪场，占地面积 30 平方千米，最高处海拔 2110.3 米，垂直落差 550 米，距北京市 249 公里，距张家口市 60 公里。雪道多，雪质好，有"雪中极品"之美誉。

硬件设施居国内滑雪场前列，有 5 条索道和 1 条魔毯。初、中、高级滑雪道共 22 条，总面积 70 余万平方米，每条雪道均配备完善的造雪系统。雪具大厅有 1400 多套全新品牌高级雪具，配备滑雪学校和幼儿滑雪学校，拥有健全的医疗保险体系以及经验丰富的雪地巡逻员，西饼房随时提供冷热饮和高热量食品，住宿方便。

五、长城岭滑雪场

位于河北省张家口市崇礼县境内，集冬季滑雪、夏季训练、户外运动、休闲避暑为一体。总占地面积 15.3 平方千米，海拔 1800～2100 米。年平均气温 3.3℃，降雪量大，积雪超过 1 米，雪期长达 150 天，风力小，雪质好，地形陡缓适中。风光秀美，交通便利，距明长城遗址仅 2000 米。

现有初、中、高级滑雪道 4 条，垂直落差 380 米。配备进口雪具 1200 套，双人吊椅索道 2 条，大拖牵索道 1 条，进口造雪机 3 台，进口压雪车 1 辆，

雪地摩托 5 辆，雪上飞碟 100 个。

六、多乐美地滑雪场

位于河北省张家口市崇礼县，距北京 226 公里。景色秀丽，气候宜人，森林覆盖率高达 60%，存雪时间长达 150 多天，是国家级滑雪基地之一。从滑雪场的选址到雪道的开发，均在中国滑雪协会权威专家参与下完成，也是中国滑雪协会第一个技术认定的大众滑雪场，曾主办中国滑雪协会大众滑雪系列比赛。

拥有初、中、高级雪道共 8 条，总长度近万米。造雪面积超过 30 万平方米，90% 的雪道都由人工造雪机铺设而成。另外还建有儿童滑雪区、灯光滑雪区、跳台滑雪区、大场面滑雪区域，以及滑雪圈道、雪橇道、越野滑雪道等，餐饮住宿设施齐全，应有尽有。

七、翠云山滑雪场

位于河北省张家口市崇礼县郊的和平森林公园内，距北京 265 公里，是华北地区最具规模的四季旅游景区。森林茂密，环境优美，气温适中，滑雪期长。沟壑纵横，山势平缓，建有初、中、高级滑雪道 6 条，配套索道 3 条，另有进口造雪机、压雪机、滑雪拖带转盘等设施，雪具 500 副。

设有少年儿童娱乐区（气垫船）、夜间滑雪场及射箭大厅、高山滑索等休闲设施。提供马拉雪橇、雪地摩托车等活动。客房、中西餐厅、天然野珍、桑拿洗浴、歌舞厅、酒吧齐备。

八、石京龙滑雪场

位于国家级生态环境示范区——北京延庆，距北京市区 80 公里，是北京周边地区第一家、规模最大、设备设施齐全、全国最先采用人工造雪的滑雪场。滑雪场总面积 600 余亩，场地开阔、地势起伏、环境幽雅、空气清新。

滑雪场由日本专家设计,服务设施齐全,项目丰富多彩。雪桑拿、温泉浴项目在国内雪场独一无二。内设滑雪道6条,分高、中、初三个级别,总长4600米,另设单板乐园,满足单板爱好者的需求。拥有吊椅式缆车两条,拖牵索道7条,造雪机11台、压雪机两台、单板、双板、雪地自行车、雪圈、雪橇、马拉爬犁等应有尽有。聘请国家级教练数十名,帮助游客在最短时间内掌握标准的滑雪技巧,设有滑雪学校。停车场面积35000平方米,快餐厅、宾馆、雪上用品店及小食品专卖店等服务设施俱全。

九、云佛山滑雪场

位于北京市密云区,坐落在北京最大的水源保护地——密云水库南岸,三面环山,环境优美,集住宿、餐饮、会议、娱乐、健身于一体。总占地面积45万平方米,现有高级道1条,中级道3条,初级道4条,雪地摩托车道1条,1.5千米长越野健身滑雪道1条。

拥有大、小拖牵9条,缆车两条,压雪机两台,造雪机10台,雪具厅宽敞温暖,雪具、雪服、雪靴齐全,可租可买。还设有雪地摩托车、冰车、滑雪圈、马拉雪橇、狗拉雪橇、雪雕等多种娱乐项目。中式快餐厅可容纳1500人就餐,大型停车场可提供800多个车位。

十、密云南山滑雪场

位于北京市密云县城正南方,占地面积4000余亩,是集滑雪、滑水、滑草以及滑翔等动感旅游项目于一体的四季休闲度假村。建成高、中、初级滑雪道、教学道和娱雪道共18条,拥有中国最大的单板公园。

配备空中缆车两条,大小拖牵共14条,魔毯7条。造雪机14台,雪炮30台,雪枪3支,雪道平整车两台,另有旱地雪橇、雪地飞碟、雪山索

道滑翔翼等设备。滑雪学校拥有 120 多名滑雪教练，并从美国引进了 LTR 单板滑雪教学体系。服务大厅集餐饮、雪具出租、商店等功能于一身，设备齐全，快捷方便。

十一、莲花山滑雪场

位于北京市顺义区张镇，占地 100 余万平方米，是北京占地面积最大的滑雪场。以生态、健康、休闲、亲子为理念，开设初、中、高级及娱乐雪道共 7 条，距首都机场仅 30 公里，交通便利。

与奥地利和日本滑雪协会合作，分别成立了"中奥友好滑雪学校"和"中日友好滑雪学校"，提供最高质专业滑雪指导。灯光多点配置，可夜间滑雪。此外还有雪圈、狗拉雪橇、雪地摩托、雪地足球、雪地跑马、雪地卡丁车等项目。

十二、怀北国际滑雪场

位于北京市怀柔县九谷口自然风景区内，群山巍峨，气势磅礴，形成典型的小盆地气候，每年 11 月中旬开始造雪，雪质好，风景秀美。雪道长 3800 米，落差 238 米，由 2 条高级道、1 条中级道和 4 条初级道组成。拥有 1200 米长的观光缆车 4 条，6 条拖牵道，2 条魔毯。

雪场与法国滑雪协会合办了"中法滑雪学校"，配备专业滑雪教练 20 多名。这里是外交部举办的东盟十国大使滑雪邀请赛举办地，除滑雪外，还有雪圈、雪地摩托、雪地射箭、马拉雪橇和攀冰等多种娱乐项目。

西北地区

一、新疆阿尔泰野雪公园

坐落在新疆阿勒泰市的阿尔泰山脉上，拥有国内最好的山地资源、气候资源和雪资源，还是国内唯一能体验直升机滑雪的地方。距阿勒泰市区25公里，存雪期长达8个月，规划面积2000平方千米，整体位于阿尔泰山脉南坡，降雪量2～3米且为优质粉雪，周围山势落差在1000～1500米之间，滑雪体验度极佳。

野雪公园目前有狼窝区、雪猫区、秘密花园区和直升机全天滑雪区域四大区域，每个区域可达200～300平方千米，可滑面积均在30平方千米以上。目前开放区域共500平方千米，配备直升机、雪猫、雪地摩托、压雪机，并有名为"菜鸟乐园"的初级滑雪区，设立多种雪地娱乐项目：古老毛皮雪板滑雪、踏雪器、雪圈等。无论是阿勒泰市还是滑雪基地，餐饮、住宿、交通设施均很齐全。

二、天山天池国际滑雪场

位于新疆著名的5A级风景区天池风景区脚下，地处天山浅山脉，海拔高度1200米，占地面积900亩，交通便利，景观独特。

拥有国内最大面积（24000平方米）的雪具大厅，3条独立雪道沿天山浅山脉绵延而下，总长度4.4千米，1号道长达1.8千米，是新疆最长的专业滑雪道。引进了全球顶级的进口压雪车，另配高速四人观光缆车2条、拖牵1条、魔毯2条，造雪机10台，雪地摩托车12辆和3000副滑雪器材。

三、宁夏贺兰山滑雪场

位于宁夏回族自治区银川市郊贺兰山苏峪口国家森林公园内，属AAAA级风景区，总占地面积30万平方米，滑雪雪道面积12万平方米，建有初、高级滑雪道两条，设3条雪道专用拖牵设备，雪具1500多副，配备专业造雪机、雪地摩托等滑雪设备。

为满足不同游客对项目多样化的需求，立足于高山滑雪，也设有老少

皆宜的雪圈道（平坡直滑道、U型雪浪道、S型旋转道），并且建有雪地足球场。这里是全国第一个人工造雪的高山滑雪场，滑雪的同时还可以赏奇松、观岩羊。

四、兰州西北高原滑雪场

位于甘肃省省会兰州市安宁区大青山，是西北地区规模最大的现代滑雪场，距市中心仅10公里，有专用车辆接送。雪场总面积2万平方米，雪道总长1000余米，雪具1000余套，配备拖牵式索道1条和雪上电梯两条，喷雪机4台。

集滑雪、健身娱乐、高尔夫运动场馆、度假休闲、景观园林、度假山庄为一体，除滑雪外，还有雪地摩托车、雪圈、马拉爬犁、狗拉雪橇等游乐项目。

西南地区

一、嵩悦天子山滑雪场

位于重庆市巫溪县境内，坐拥重峦叠嶂的秦岭山脉，海拔1800至2650米，距重庆市400公里，距湖北省宜昌市300公里，春可观光、夏可避暑、秋可游景、冬可滑雪，集旅游度假、商业服务、餐饮住宿、滑雪娱乐、专业滑雪训练基地等多功能于一体。

天子山国际滑雪场总投资12亿元，建成后将成为我国西南地区最大、最专业、最高档的滑雪度假村。现有各类不同等级滑雪道30余条，雪道总长度超20000米，最大落差217米，拥有世界顶级索道10条，魔毯10条，由加拿大专业规划设计公司设计，别墅区、木屋酒店、特色旅游商品店、停车场一应俱全，项目众多，服务一流。

二、嵩悦南天湖滑雪场

位于重庆市丰都县南天湖景区，距重庆市140公里，是当前重庆市最大的滑雪场，同时也是西南地区罕见的集滑雪、滑道、戏雪等动感休闲运动项目为一体的大型综合滑雪场。滑雪场海拔约1800余米，占地680余亩，自然雪质优良，景色气候宜人。

建有高、中、初级雪道及教学学道，雪场规模大，设施设备专业齐全，并建有滑雪学校，可为不同年龄的滑雪爱好者提供专业滑雪课程。雪上娱乐区引进了国内外领先的雪上娱乐项目，包括极限雪地运动表演、圣诞雪地狂欢派对、青少年专业滑雪赛、王者荣耀——冰雪夺旗挑战赛、女子比基尼滑雪挑战赛、雪地情人节、冰雪嘻哈元宵节等精彩活动，是老少皆宜的滑雪旅游胜地。

三、西岭雪山滑雪场

建于1998年，属大型高山滑雪场，位于国家级风景名胜区成都西岭雪山，被誉为"南方的林海雪原""东方的阿尔卑斯"。总面积482.8平方千米，雪期中等，积雪厚度约60厘米，雪质优良，设施完善。

拥有2000套世界名牌滑雪器材，10条国际标准滑道，35辆进口雪地摩托车，2台压雪机，12台移动造雪机，以及进口全地形车、蛇形滑雪车、雪上飞碟、雪上滑车等设施。除建有南方唯一大型雪上游乐园外，还培植50万平方米高山草坪，打造大型高山滑草场，适合春、秋、夏无雪季节体验。另有马拉雪橇、雪上飞碟、高空热气球、雪上飞伞、雪地滑车等娱乐项目。服务设施齐全，周到热情。

四、峨嵋山高山滑雪场

建于1998年，是四川境内第一个滑雪场。位于著名的峨眉山风景区内，海拔2500米，设备、功能完善。雪场依山而就，植被茂盛，环境优美，年平均气温5℃，降雪期中等，积雪厚达1米，配备开放式拖牵索道，辟有高山滑雪道、初级滑雪区和飞碟滑道，有教练指导。

另有雪仗场、冰雕雪塑区，供游人玩耍，堆雪人，参与冰雕。租赁中心有奥地利产滑雪板、滑雪鞋、滑雪杖等上千副，停车方便，餐饮、住宿设施齐全。

五、玉龙雪山旅游滑雪场

位于云南省玉龙雪山东麓，属AAAAA级风景区，距丽江古城20公里，是距地球赤道最近、最温暖的天然高山滑雪场。雪质纯净，雪期长达8个月，为中国之最，同时也是世界之最。架设拖牵滑雪索道一条，滑雪输送带两条，配备进口压雪车、造雪机、雪地摩托车，以及滑雪板等装备。

可进行高山滑雪、初期滑雪，有专业滑雪教练近百人。另有雪地摩托车、雪地橡皮圈、大小雪橇及其他雪地娱乐项目，沿途可欣赏壮丽的冰川，可品尝纳西族特色美食。

六、神农架滑雪场

神农架滑雪场位于湖北省，是目前为止最接近东南沿海地区的大型天然滑雪场。坐落于神农架酒壶坪，海拔约2000米，总面积约1万平方米，雪质好、雪量丰，气候适宜，雪量方便。

辟有越野滑雪道1条，旅游滑雪道1条，初、中、高级三大滑雪区，建有简易U型场地、小跳台、起伏地形、越伏地形、越沟场、单板乐园等。配备雪地摩托车与雪地冲锋舟，滑雪服装与滑雪器材可租可售，餐饮、住宿设备齐全、方便。

2. 中国冰雪市场南北方的差异

可以肯定的是，即使没有 2022 年北京—张家口冬奥会的成功申办，中国的"北冰南展"方针也会坚定不移地执行下去。自 20 世纪末以来，伴随着中国等亚洲国家经济的腾飞，冰雪产业在整个亚洲也呈现出"南展西扩"的整体态势。

在 2017 年亚冬会上，参赛国家与地区多达 31 个，包括越南、印尼、东帝汶等东南亚国家也派出了选手参赛。用亚奥理事会主席艾哈迈德亲王的话说："我们看到越来越多来自西亚沙漠地区和南亚热带地区的选手参与冰雪项目竞赛，这给本届亚冬会增添许多'异国风情'。"

一度，无论是在整个亚洲，还是中国，冰雪运动都离人们的生活较远。曾经，杭州举办短道速滑世界杯分站赛，观众寥寥，只有几百人。就连冰雪资源丰厚的东北地区，在普通百姓心中，冰雪运动不过是在冬天结冰的湖面嬉戏的代名词。现在，无论是专业队伍，还是群众基础，都较之前有了大幅度提升。与之相对应的滑雪场的数量，不仅同样有大幅度提高，而且已在一定程度上体现出了"北冰南展"的成果。在南方，即华北地区、华东地区，滑雪场数量不断攀升，最具代表性的是山东省，截至 2016 年，

滑雪场数量已达58座，仅次于全国排名第一的黑龙江省。山西、河南表现也不错，分别是42座、41座。这三个省的滑雪场数量，均已超过了传统滑雪大省吉林（38座）。如果这里不介绍，也许很少有人会知道，浙江省已有18座滑雪场，江苏省已有13座，湖南省有7座，它们都是绝对意义上的南方省份。

就连上海、广东、福建等理论上不具备冰雪运动条件的省份，也纷纷以兴建室内滑雪场、滑冰场的方式表达着自己对冰雪产业的热情。未来，华东、华南、华中三个人口密集、经济发达的区域肯定会有更多的滑雪场问世，冰雪事业不难上一个重要台阶，更不要提拥有相应资源的华北与西北地区。有人可能会觉得奇怪，其实，恰如当年的中国冬奥会首金得主、短道速滑名将，现在的上海飞扬冰上运动中心杨扬所说，南方有南方的劣势，比如缺乏天然资源，但地域并不是根本问题。况且中国南方地区原先没有滑雪场，冰雪产业一片空白，从而没有北方地区固有的体制限制，所以在体制上突破反而更容易一些。从发达国家来看也是如此，比如美国的洛杉矶，年平均气温12℃左右，但那里有全世界最好的冰雪项目训练中心之一。重要的是及早播下种子，并且有点耐心。

就现状而言，我国的冰雪产业从各方面与发达国家相比还有不少差距。体现在民众层面，主要是对冰雪产业认识度不高。体现在投资层面，主要是资本虚火，认为只要搭上顺风车，就能赚钱，于是"一万年太久，只争朝夕"，其结果就是从设计到建设，从管理到服务，都很差，最终导致消费者体验也差。

鉴于篇幅，这里只讨论设计、兴建滑雪场时，应考虑南北方差异这一基本问题。简单来说，北方人对冰雪非常了解，冰雪早已融入人们的生活，所以在设计时要出奇、出新。反之，南方人甚至连雪都没有亲眼见过，所以在设计时要突出原汁原味，甚至可以考虑将造雪过程呈现给游客观看。同样的事情，放在北方或许同样会有人看，但显然没有类似的吸睛效果。北方的滑雪场，要尽量做到人无我有，人有我精，要尽可能多些娱乐设施，给人应有尽有、不虚此行的感觉。南方的滑雪场相对来说只需经营好冰雪产业即可，这既是招牌，也是核心竞争点。北方滑雪场往往占地面积很大，规划设计时要将娱乐、餐饮、表演、售卖、服务区完美结合。南方滑雪场，尤其是室内滑雪场，应更注重"玩雪"项目，增加更多参与性、互动性强的项目。

3. 中国室内滑雪场发展现状

中国地域广大，拥有得天独厚的冰雪资源的地区终究是少数，未来，中国冰雪产业的持续爆发必然伴随着室内滑雪场的大力兴建。除了无法利用天然冰雪资源这个固有缺点，室内滑雪场具有的好处其实很多，比如不受自然条件限制、四季经营、利用率较高、周围交通便利等。下面，我们对室内滑雪场的起源和发展，特别是它在中国的发展现状，做一个大致介绍。

室内滑雪场又叫室内滑雪馆，读者可以把它理解成一个大冰箱，一个依靠人工手段保持一定温度进行造雪、存雪以便满足大众雪上运动的场所。根据雪道面积，可将室内滑雪场分为大、中、小型三种。小型室内滑雪场雪道面积在1万平方米以下，中型为1万～2万平方米，大型在3万平方米以上。按照制雪工艺标准与配套设施划分，又可分为四代：一代室内滑雪场主要使用制冰、碎冰、制冷技术，配套设施较少；二代室内滑雪场采用造雪、制冷技术，配套设施增多；三代室内滑雪场对造雪、制冷技术进行了升级改造，配套设施更完善；四代室内滑雪场的造雪、制冷技术更加先进，配套设施更加齐全，并且设备的自动化程度较高。

我国室内滑雪起步晚，但一来具备明显的技术后发优势，二来得益于近年来综合国力整体提升，目前中国不仅是全球室内滑雪场馆数量最多的国家，而且拥有当前世界上规模最大、最先进的室内滑雪馆，即哈尔滨万达茂室内滑雪场。当前，全球营业中的室内滑雪场共43家，中国共14家。根据开业先后顺序，依次是深圳阿尔卑斯冰雪世界（2000年）、内蒙古达永山滑雪场（2005年）、北京乔波冰雪世界（2005年）、浙江乔波冰雪世界（2009年）、湖南瑞祥冰雪世界（2011年）、辽宁冠翔冰雪大世界（2014年）、河北西部长青室内冰雪馆（2015年）、湖南三只熊冰雪王国（2015年）、陕西秦岭四季滑雪场（2015年）、河北四季滑雪馆（2016年）、重庆仙女山冰雪城（2016年）、浙江青田乐园滑雪场（2016）、广西冰雪世界滑雪场（2016年）和黑龙江哈尔滨万达茂室内滑雪场（2017年），后文我们会有相应盘点。

同时，中国还有15家在建的室内滑雪场。仅3家位于北方，即黑龙江齐齐哈尔奥悦世纪滑雪场、新疆丝绸之路欢乐大世界室内滑雪场与山西大同魏都水上乐园室内滑雪场，其余皆位于南方，分别是贵州关岭冰雪世界旅游度假区室内滑雪场、贵州荔波冰雪水世界主题乐园室内滑雪场、贵州遵义思达欢乐欲室内滑场、湖南张家界冰雪世界、重庆际华园赢迪乔波冰雪世界、湖南株州奥悦云龙冰雪乐园室内滑雪场、安徽马鞍山启迪乔波冰雪世界、广西容县大峒风景区室内滑雪场、江苏镇江奥悦冰雪乐园室内滑雪场、四川都江堰万达文化旅游城室内滑雪场、江苏无锡万达文化旅游城室内滑雪场和广东广州万达文化旅游城室内滑雪场。

值得一提的是贵州省，2017年该省将建成3家室内滑雪场，这将使该省一跃而成为国内室内滑雪场数量最多的省份。此外，依托"中国凉都"

（六盘水市）等冰雪资源，借势"南冰北展"方针与 2022 年冬奥会，近年来贵州已先后建起 5 座天然滑雪场，并举办了全国高山滑雪青少年邀请赛。未来，贵州省冰雪产业的目标是年接待能力达到 400 万人，目前接待能力还不到 100 万人，不难看出，其滑雪场尤其是室内滑雪场缺口还很大。那些天然冰雪资源比贵州少而经济强的东南沿海省份，室内滑雪场需求之大，一目了然。

对黑龙江等传统冰雪产业大省来说，发展室内滑雪场依然有其重要意义。以哈尔滨为例，发展室内滑雪产业能充分整合其冰雪资源，将冰雪文化旅游周期从 3 个月延长至 365 天，实现哈尔滨冬夏两季旅游，解决气候对冰雪产业的影响。与此同时，室内滑雪场还可以在非雪季为雪上队伍提供专业训练场所。

除此之外，滑雪产业大家庭中还存在着旱雪滑雪场与室内滑雪模拟训练场等类似场馆，前者指在人工合成的特殊材料的雪道上滑雪，目前全国已有 20 余家旱雪滑雪场，以北京奥林匹克公园旱雪滑雪场和四川成都美洲四季旱雪滑雪场为代表。后者指在室内机器或设备上模拟滑雪动作，以达到滑雪训练效果，它又分为 ＶＲ 滑雪模拟和魔毯滑雪模拟两类，目前国内相关训练场地共 30 余家，以上海顽酷滑雪工厂为代表。

4. 国内主要室内滑雪场盘点

前面，我们根据国内天然雪场的区域性分布特点，盘点了东北、华北、西北、西南四大地区数十家天然滑雪场。下面，我们按照同样的思路，对国内主要室内滑雪场做相应的盘点。

一、哈尔滨万达茂室内滑雪场

坐落在黑龙江省哈尔滨市松北区，又名哈尔滨万达娱雪乐园，是目前全球最大的室内滑雪场。该室内滑雪场长度487米，最大跨度150米，最高高度114.5米，设有6条高中初级雪道，雪道落差达80米，可同时容纳3000人滑雪。

此前，世界最大的室内滑雪场在迪拜。而今，在雪道、落差、长度、容量、科技含量、施工难度等方面，万达茂全面超越对手，占据世界鳌头。为保护滑雪者的安全，滑雪场的魔毯配备随动扶手并采用单向单侧防摔的运送方式。魔毯总长度150米，是亚洲最长的室内魔毯。室内滑雪场还设有索道、冷风机、吹雪机、造雪机等设备，雪具租赁大厅、咖啡厅、餐厅、雪具专卖店一应俱全。

二、辽宁冠翔冰雪大世界

位于辽宁省抚顺市高湾经济开发区，是以室内滑雪为主的综合性游乐园，当年也是东北地区首家室内滑雪场。总建筑面积18487平方米，其中

室内滑雪场地面积为9200平方米，共设两条雪道，分别是成人雪道以及儿童、初学者雪道。前者长100米，宽60米，坡度为10度。后者长20米，宽度为6米，坡度为4度。

冠翔冰雪大世界举办过辽宁省首届室内滑雪公开赛、首届室内单板公园邀请赛等赛事，以冰雪为特色，提供40种冰上、雪上娱乐休闲项目。与此同时，滑雪场还辟有影院、电玩城等辅助设施，建有停车场与餐厅，外带酒店、温泉等旅游配套资源，服务水平一流。

三、北京乔波冰雪世界

位于北京市顺义区，建筑面积近4万平方米，是北京第一家市内滑雪场。以滑雪休闲为主，同时提供滑雪教学、滑雪赛事、体育拓展、商务接洽等综合服务。

初级道长200米，宽40米，平均坡度8度，配备魔毯。中高级道长300米，宽40米，平均坡度17度，配备拖牵伸缩杆式索道。日接待能力3000人次，设有儿童戏雪乐园和乔波滑雪学校，此外还有乔波国际会议中心、停车场、客房、游泳中心、棋牌室、KTV等休闲设施。曾主办滑雪产业发展论坛、雪上公益培训、雪地赛事发布会、滑雪装备发布会、雪地真人CS拓展、青少年滑雪冬令营等活动。

四、石家庄西部长青室内冰雪馆

地处河北省石家庄市鹿泉区西南部，距市中心15公里，是河北省首家全年提供滑雪服务的室内滑雪场，也是省内最大的室内滑雪场。总占地面积达16平方千米，集户外运动、生态观光、民俗体验、主题游乐、大型演艺于一体。

室内滑雪场占地面积13916平方米，分戏雪、滑雪两个区域。戏雪区域占地6000平方米，设有波浪道、蘑菇道、断桥等戏雪项目。滑雪区拥有1条初级道，长度为226米，宽度为50米，坡度为8度，配备索道、拖牵、魔毯、造雪机、压雪机等设施。

滑雪场配备双板 2000 套、单板 150 套、滑雪服 650 套、护具 300 套，日接待能力 1500 人。设有会议室、餐厅、洗浴室、儿童游乐区、停车场等配套设施。曾举办波浪道速度滑雪比赛、跳杆比赛、反季滑雪比赛等赛事，同时为国家滑雪队训练场地。

五、上海银七星室内滑雪场

银七星室内滑雪场是目前上海唯一的室内滑雪场，占地面积 10 万平方米，建筑面积 52000 平方米，滑雪道长 380 米，宽 80 米，能同时容纳近千人滑雪，居世界领先地位。

该滑雪场引进日本最新技术的造雪机，所造的人工雪与天然雪几乎相同，积雪厚度达 50 厘米。室内温度常年保持在 0℃ 以下。雪道最高坡度为 17 度，第二坡度为 15 度，最低坡度为 12 度，供不同层次的游客选择。

配置教练近 60 人，器械 3000 余件，服装 6000 余套，建有观光吧、溜冰场、餐厅、桑拿浴场、休息客房、多功能厅、KTV、按摩室、SPA 室、茶坊等多种配套设施。

六、深圳阿尔卑斯山室内滑雪场

位于深圳市"世界之窗"景区，总占地面积约 4000 平方米，其中滑雪、嬉雪区约 3000 平方米。它是我国第一个大型全景式室内滑雪场，既有为成人准备的大型滑道，也有为儿童专辟的小型滑坡和嬉雪区，真雪的平均厚度为 40 厘米，同时通过巨形喷绘灯光天棚模仿蓝天白云的天空效果，结合雪山、森林，营造出天然滑雪场的氛围。

滑雪工具丰富多样，有雪撬、轮胎、滑雪车、滑雪板等供人自由选择，免费提供精彩的专业滑雪表演。专业滑雪区配备拖牵索道，雪道长 118 米、宽 35 米、落差为 12 米。其他配套设施齐全，交通方便。

第五章
国内小型体验式雪场经营策略

发现滑雪好生意

1. 国内滑雪场三大主要类型

从功能上说，现代滑雪可以分为实用滑雪、竞技滑雪、旅游滑雪和特殊滑雪四大类。实用滑雪主要指生活在寒冷地区的人们，运用滑雪技巧从事狩猎、军事、巡逻、通信联络、运送物品等活动。特殊滑雪指探险、极限、表演等其他活动的滑雪。竞技滑雪与旅游滑雪为大众所熟知，不必赘言。

随着科技的进步，实用滑雪的意义日趋淡化，也不存在相关类型的滑雪场。特殊滑雪只用于特定场合，确切地说，它们基本从属于竞技滑雪与旅游滑雪，共用滑雪场馆。

竞技滑雪的适用人群主要是运动员级别的滑雪者，旅游滑雪的外延则无限宽泛，包括各种程度、水平的滑雪爱好者，也包括广大潜在的滑雪爱好者。毫无疑问，冰雪产业的大文章，要从旅游滑雪做起。

旅游体验型滑雪场也是国内滑雪场的主流，在滑雪场总量中占到了75%，其次为学习型滑雪场，占22%；另有3%为目的地度假型滑雪场。不难推测，目的地度假型滑雪场未来会占到更多比重，但它同时既是旅游体验型滑雪场的分支，又是旅游体验型滑雪场的发展方向，所以国内滑雪场实质上只有两类，即旅游体验型和学习型。

学习型滑雪场又名城郊学习型滑雪场，客户群主要是本地居民，兼顾运动属性与旅游属性。从这个角度上说，学习型滑雪场中至少有一部分属于旅游体验型滑雪场。与此同时，几乎所有的滑雪场都提供滑雪专业的学习与培训服务。之所以称学习型滑雪场，主要是指这些滑雪场通常规模较小，主要作用还是给大型滑雪场培养、输送雪客。

另外，滑雪培训本身也是冰雪产业中的重要一环。滑雪培训跟不上，滑雪产业营收再高，也不过是虚高。在这方面，美国新墨西哥州的滑雪胜地陶斯滑雪山谷做得很好。他们把初学者的学习期分为四个地带，传授不同的技巧。地带一是集合地，在这里，学生们会被分到不同的班级；地带二用以教学员们了解设备用途，学习行走、保持平衡和姿势；在地带三，主要学习如何在移动滑雪板的同时保持平衡；地带四用于讲授侧步和转弯，让学生们更好地适应雪上运动。为了贯彻这种理念，他们不惜重新设计了雪道。这个理念本身并不复杂，但很受初学者的欢迎，效益也得到了前所未有的提高。

学习型滑雪场虽不是滑雪场的主体，但由于"学习"这个主旨，决定了它的滑雪场标准不能太低，雪道不能局限于初级水平，相关设备也不能太差或者缺失。通常来说，只有达到中等规模、可举办国家和国际冰雪赛事的滑雪场，才能满足专业的滑雪运动员与教练员的需求。目前，这类滑雪场约占全国滑雪场总量的20%。

旅游体验型滑雪场则不同，其客户群90%以上均为一次性体验者，客人平均停留时间为2小时，往往也不是专程为滑雪而来。从经济角度看，这类滑雪场雪道规模低些，设施简单些，能满足初级滑雪爱好者的需求即可。从客户角度出发，他们对滑雪道的关心程度还不如他们对相关配套设施如餐厅、酒店的关心。

据专业人士分析，每年前往加拿大各滑雪中心的游客当中，有20%～30%的人为非滑雪者。欧洲同样有越来越多的人明明去了滑雪胜地，但偏偏不滑雪。其中法国有40%的冬季旅行者不滑雪，在瑞士的顶尖滑雪胜地采尔马特，非滑雪者多达1/8。要言之，人们在滑雪道上滑雪的时间越来越少，滑雪胜地应该思考如何提供多样化的冬季运动，而不仅仅是购物和餐饮。

以排名世界前列的美国韦尔滑雪度假村为例，人们说"它唯一的缺陷，在于它缺少一条刺激的、如果你不掉头一定会受伤的疯狂山坡"，这是事实，但这里的经营者并不为此感到遗憾，他们很早就意识到人们来滑雪并不全是为了挑战极限。所以，韦尔首开先例，在度假区建起了画廊、博物馆与热气球俱乐部，至于狗拉雪橇、滑冰、冰球、雪地摩托车等司空见惯的雪场配套娱乐设施，同样一应俱全。这里是一个可以享受夜生活的综合体，尤其适合整个家庭前往。想想看，是一个家庭的预期消费多，还是独自前往的雪客预期消费多？尽管这套模式不见得适合所有雪场，尤其是中小型雪场，但具备相应的思路，滑雪场无疑会拥有更强的吸引力与竞争力。

2. 国内中小型雪场面临的问题

目前为止，国内中小型雪场的数量占到国内滑雪场总数的 95% 左右。它们对中国滑雪产业的影响不言而喻，它们面临的问题也迫在眉睫。

所谓中小型滑雪场，一般泛指单条雪道最长不超过 2000 米，雪道总长不超过 5000 米的雪场。抛开雪道建设费用不谈，单是一套国产缆车，费用就在 3000 万元人民币左右，进口产品还要高出近一倍。再加上造雪机、水电费用、人工成本等，投资特别巨大。滑雪消费固然称得上高消费，但一来目前滑雪人数有限而滑雪场越来越多，二来很多滑雪场恶意竞争，走低价策略，三来很多雪场都是季节性经营，导致很难在短时间内收回成本，遑论盈利。

根据全国中小型滑雪场分布图，可知中国的中小型滑雪场数量激增始于 2013 年，以黑龙江省最为密集，然后是河北和新疆。究其原因，主要还是因为这三个地区有冰雪资源可以依托。然而，全国滑雪产业区域人均消费水平调查显示，并不是滑雪场越多的地区消费水平越高，反而是在冰雪资源稀缺的西南、华东等地区明显人均消费水平很高，那里的消费者愿意把钱花在平时接触不到的运动上。而在上述区域，一来相关区域集结着全国排名前列的著名雪场，二来冰雪资源丰富，中小型滑雪场由于资金和单季运营等因素，导致人员流动性极大，服务质量也大受影响，而这势必会进一步影响中小型滑雪场能否长久立足。同时，这也揭示出滑雪人才缺乏与滑雪场服务落后，确实是中国滑雪场产业最为薄弱的一部分。

追溯中国中小型滑雪场的问题源起，可以发现，中小型滑雪场的经营困难在一定程度上是因为它们对雪场认识不够。其实，"中小型滑雪场"这个说法本身就有问题。滑雪场是以滑雪为主要元素，中小型滑雪场通常只有一两条初级雪道，叫"戏雪乐园"或许更加准确。如果这就是中小型滑雪场的应有定位，那么在经营中，中小型滑雪场就应该放弃与大雪场在雪道上的比拼，而是应该通过分析区位优势，将更多的元素吸纳进来，也将更多的消费者吸纳进来。

现在的大环境是，市场上不缺钱，消费者也不差钱，缺的是滑雪文化的积淀与相关整合及创意突破。山西采薇庄园是个好例子，它位于山西太原杏花岭区，距市中心15公里，东靠九龙山风景区，2013年一开业，就创造了第一个雪季即接待5万多游客的销售奇迹。原因何在？归纳起来主要有两点：一，主打儿童滑雪戏雪，并以此为主题进行营销宣传；二，将当地特色与滑雪场相结合，也就是窑洞与滑雪场相结合，并植入东北的雪乡文化，让没去过雪乡的山西人在采薇庄园里领略雪乡文化。另外，细究其名称，可知采薇庄园是先有生态采摘园后有滑雪场，滑雪场只是其综合产业的一部分，这就从一开始避免了滑雪淡季与非雪季的生存和营收问题。

那么，其他中小型滑雪场能不能借此反向思考一下，在既有的滑雪产业基础上，开拓具有自身特色的一些项目——哪怕同样搞一个生态采摘园也好！很多中小型滑雪场经营困境恰恰在于，它们除了滑雪之外再也想不到其他，它们除了降价之外再也没有其他策略。其实根据对滑雪一族的调查，可知大部分滑雪者都是有着新时代消费理念的青壮年，他们拥有相当高的学历和稳定收入，能挣也舍得花，关键是花得值与不值。低价票促销这种手段吸引不了他们，也留不住他们。

说到底，提升自身服务，留住一次性用户，是中小型雪场发展的关键。中小型滑雪场是大型滑雪场客源的进阶之地，相互之间不存在竞争关系。如果周边就有一家中小型滑雪场，那么消费者多数情况下会先就近尝试，在对滑雪产生浓厚兴趣、具备一定技术后，才会前往著名滑雪胜地旅行。从这一点上说，大型滑雪场的经营也需"拜托"中小型滑雪场。中小型滑雪场经营不善，也会拖累大型滑雪场，进而对整个中国滑雪产业产生消极影响。中国是全球潜在滑雪市场最大的国家，如何把数以亿计的潜在滑雪者转变为一次性体验者，并进一步变成滑雪爱好者，是中小型滑雪场发展的重中之重，也是它们的希望所在。

3. 清晰定位，增加客户黏性

未来的滑雪市场必然是一个细分的市场，市场经济的本质以及中国庞大的潜在滑雪人群，决定了中小型滑雪场只要能找到自己的位置，潜心经营，就能够在中国滑雪产业占有一席之地，共享中国滑雪产业红利。

对中小企业来说，最难的事就是刷存在感，不仅南方的滑雪爱好者提到滑雪动辄说到亚布力、长白山、松花湖等大雪场，就连本地人往往也不知道身边就有滑雪场。以辽宁省为例，滑雪场并不少，23家，但规模都不大，配套设置也不完备，彼此间的竞争又非常激烈，经营压力大，普遍存在紧迫感、危机感。中国冰雪运动专家王石安教授指出，相对于先天不足，辽宁雪场更大的不足在于定位不清晰，管理不成熟，品牌意识不强，滑雪专业技术人员和管理人员严重缺乏。

目前来说，辽宁做得最好、也最值得广大中小型雪场借鉴的，是沈阳怪坡国际滑雪场。别的不说，2016年，怪坡国际滑雪场售出了史上第一张辽宁滑雪联名雪季卡"，持该卡可在沈阳怪坡国际滑雪场、沈阳东北亚滑雪场及鞍山、本溪、营口、朝阳共6家雪场不限次滑雪。这样做，为的就是整合辽宁雪场资源，将雪友尽可能地留在辽宁。一家雪场小，但六家就不小了，而且各有不同，对雪友来说绝对有吸引力。

自我定位的同时，也要对滑雪人群有清晰的定位。这就需要中小型雪场对滑雪人群的构成有全面的了解，从而更好地推出特定服务，增加客户黏性。总体来说，中小型滑雪场未来可把精力放在老龄化市场、家庭市场、青少年市场与女性市场四大细分领域。

老龄化市场

老龄化问题是一个全球性问题。再过20年，全世界将有11亿人年龄超过65岁，这波"银发海啸"将席卷全球大部分地区，唯非洲和南亚能幸免。与老龄化问题相伴随的，就是健康老龄化问题，对这类客户来说，滑雪的刺激性与健身效果倒在其次，重要的是休闲与娱乐功能。

当然这并不是说老年人就不能玩滑雪，尽管很多运动员在30岁时就会被称作老将了，但在美国，伴随着中老年群体基数的扩大，自1987年至今，该国55岁以上的滑雪者人数已经上升了40%，其中还有一半人是过了36岁甚至更大年龄才开始学习滑雪。资料显示，这类滑雪爱好者大多是男性，事业有成，家庭稳定，有足够的时间，也有足够的身体条件与经济能力支撑这项爱好。欧洲的滑雪产业从业者正在考虑借鉴这一经验，开发相应群体的滑雪爱好者。

发现滑雪好生意

家庭市场

家庭对滑雪这项运动的影响力非常大。研究人员早就指出，青年人有了家庭之后会减少滑雪次数，频繁滑雪者的比例会从11%降至2%，而且是在很短时间内。对于女性来说，阻碍她继续滑雪的原因主要是婴幼儿的拖累。对于男性来说，主要是资金问题及家庭责任。对这些年轻的父母们来说，让他们重返滑雪场的原因通常只有一个，那就是孩子到了可以滑雪的年龄。数据显示，正在有越来越多的家庭进入滑雪市场，国外早已有滑雪场推出了主打家庭滑雪旅行的服务，国内目前还比较模糊，虽然注意到了这个细分市场，但尚未深入。

青少年市场

要实现3亿人参与冰雪运动，青少年的主力作用不容忽视。在挪威等滑雪传统国家，滑雪不仅要从娃娃抓起，而且必须夯实。挪威有句老话，那就是"挪威人是脚上穿着滑雪板出生的"。这自然是夸张，但在当地一些滑雪节上，一些看起来只有一两岁的孩子，嘴上还叼着奶嘴，小脚已踩着迷你型雪板，在雪地上自如前进的现象并不新鲜。相对来说，中国的家长并不是不喜欢让孩子滑雪，主要是担心安全问题。一旦解除了这种不必要的忧虑，可以说，仅仅是青少年这个市场已经足够大，大到现有中国所有滑雪场都做不完的程度。要言之，如何解除家长的忧虑，开展培训，做好服务，才是广大中小型雪场需要思考的盈利点所在。

另外，根据连续性理论，青少年时期，人倾向于维持一贯的行为类型，不会突然喜欢某项运动，也不会突然不喜欢某项运动。说得更具体一点，青少年学习滑雪的年纪越小，越有机会成为终身滑雪者或频繁滑雪者。而且，青少年大多喜欢交友，往往会与兴趣相投的同龄人一起探索、交流滑雪技巧，所以吸引一个青少年等于吸引了一群年轻人，同时还能吸引他们的父母。

女性市场

以前，女性几乎与滑雪市场绝缘，相关研究也认为，相对于男性，女性确实要面对更多的自身障碍性因素，比如害羞、难为情、滑雪技术低、缺少机会等，从而忽视了女性消费群体的重要性。现在，滑雪仍然以男性为主，但经济独立的女性越来越喜欢滑雪。有专家指出，滑雪产业应该以女性为营销重点。首先，她们更强调体验，而不是成绩。其次，她们不仅会鼓励同伴参加滑雪，而且如果她们有孩子的话，也会影响她们的孩子。相应的，女性在滑雪时也必须考虑这些因素，比如谁来照顾孩子、如何在工作与家务中抽出时间？相对来说，那些能够做出针对性服务措施的中小型雪场，由于有地理优势，更容易获得她们的认同。

4. 注重线上互动营销和用户消费体验

在本书的写作过程中,我需要时常在互联网上找些资料,在这个过程中就发现了一个重要问题:大多数中小型滑雪场对互联网重视不足,很多滑雪场通常只能在网上搜到个名字和几百字的简介,连图片也没有一张,就连名字和几百字的简介也往往是与之合作的旅游机构制作的——谈何发展!

相对来说,大型滑雪场由于人员齐备,同时管理理念先进,至少在互联网营销方面远比中小型滑雪场表现优异。再考虑到互联网每年都会有新的变革和趋势,晚一步关注、运用就会脱离最新的营销手段。可以说,那些还没采取具体动作的中小型滑雪场已经落后太多。

拍一张照片放在网上,很难吗?一点儿也不难。主要是没那种意识。

前面说过,中国滑雪人群的主体都是青壮年,他们的特点就是习惯在网上买买买,互联网对传统滑雪场产业造成了不小的冲击。具体说来,则是把那些行动缓慢的滑雪场的潜在利润冲到了那些能顺应时代的滑雪场。

早在 20 年前,美国滑雪产业已开始深入运用互联网提供的大量营销机会。通过浏览器,滑雪者坐在家里就能了解到滑雪场的基本信息、当地气候和住宿情况,从而完成滑雪服务及相关产品的预订及购买。以美国缅因州的舒格洛夫滑雪度假区为例,1995 年,其在网上发布了关于滑雪场的多媒体信息，花费仅 800 美元，当天点击率就达到 1.7 万次，次月达到 5.5 万次。

最重要的是，当时美国滑雪产业就已经有了大数据的概念及相关应用。以当时美国佛蒙特州的基灵顿为例，其顾客信息库中已有 250 万名滑雪者的信息，以后以每年 20 万人的速度递增。相关信息包括滑雪者的家庭住址、联系方式、滑雪水平、以往消费等。有了这些信息，滑雪场既可以进行精准直销，也可以在分析相关数据的基础上分配预算，增加服务项目等。

中国的中小型滑雪场中也不乏成功的案例。前面提到过的沈阳怪坡滑雪场，以及前面盘点过的张家口怀北滑雪场，它们是互联网时代最早改变营销方式的雪场，也是最早开通微信公众号的雪场之一。

当然，仅仅做好滑雪产业的"互联网+"还远远不够。"互联网+"只能让别人知道你，如果你的宣传文案做得好，能吸引眼球，网上签单也不难，但消费体验不好，尤其是与宣传相去甚远，这不仅仅是一锤子买卖的事情，顾客的一个差评背后可能就是一万个潜在客户的错失。

服务是必须的，设备也不容忽视。规模小，并不能成为中小型滑雪场设备陈旧、缺乏维护的借口，消费者不会也不需要对滑雪场抱有同情之心，他们只为自己认为值的消费付费。在设计规划方面，经营者就要做好相关考虑。以黑龙江为例，这个滑雪大省坐拥得天独厚的冰雪资源以及排名全国第一的滑雪场数量，但有相当一部分雪场缺乏合理规划，甚至属于无效投资。在前往亚布力的路上，很多所谓的雪场不过就一两个坡道而已，三四十元就能滑一次，体验不可能有多好。也有一些雪场舍得投资，效仿大雪场购入压雪车、造雪机等高成本设施，但由于雪期短，体验差，都成了无效投资，带来的不是效益而是后悔。这不仅仅是经营者自己的盈亏问题，也是对整个行业的发展的破坏。

发现滑雪好生意

5. 很小,很美好——梅里滑雪村的成功之道

梅里滑雪,全称梅里贝尔高山滑雪村,是法国也是全球顶尖的滑雪胜地,坐落在阿尔卑斯山中。通常来说,滑雪胜地多半规模宏大,但这家滑雪场却完美地诠释了什么叫作"我很小,但我很美好",它在滑雪细分市场上做得非常成功。

如不说明,世人多半也会以为梅里滑雪是一家法国公司,实则不然,它的创办人与经营者都是英国人,梅里贝尔(Meribel)这个名字也带有浓浓的英国味道。1984年6月,科林·马修斯在英国牛津郡创建了这家旅行社,最初只在梅里贝尔经营14幢豪华小木屋,床位陆续从70张发展到145张。它的小木屋号称"阿尔卑斯山地区最好的小屋",事实上,各方面确实不错,虽租金不菲,但出租率经常在90%以上。公司还经营阿尔卑斯山地区的饭店,主打阿尔卑斯山地区的特产,同时提供高尔夫球、漂流、山地自行车和穿越大峡谷等服务。

梅里滑雪始终把吸引英国高端客人当作主打,在所有的欧洲滑雪度假地中,它吸引的英国游客也最多。这固然与它的运营商为英国人有关,但主要还在于其固有魅力。梅里贝尔坐落在阿尔卑斯山中，它虽然小，但与附近的六个滑雪场组成了世界上最大的设施齐备的滑雪区，自然条件优越，滑雪道设计合理，滑雪设备先进舒适，适合初、中级爱好者，也是滑雪高手的天堂。

单独看梅里贝尔高山滑雪村，它保持着自然景致的清丽，同时也是由葱仁谷、高雪维尔、梅里贝尔三个滑雪场组成的三山谷滑雪场的基地，滑雪缆车四通八达，将三个滑雪场连成一片。

梅里贝尔海拔1450米，滑雪场所属的一座座传统木屋沿着山坡起伏，宁静悠闲，宛若世外桃源。早晨到面包房买个法国棍子面包或喷香的牛角包，呼吸一下松林里散发的清新空气，看看初升的太阳，一天的滑雪就可以开始了。

坐上滑雪缆车，俯瞰松林，能看到白雪上的动物足迹，运气好时还能看到林子里的小鹿。山顶景象壮观，阿尔卑斯群山连绵，山谷里的梅里贝尔静谧安宁，没有丝毫人工雕琢的痕迹。没有钢筋水泥，没有车水马龙，没有精品店，只有温馨恬静的自然之美。

这里有专业的滑雪学校，有特色的奶酪专卖店和奶酪晚餐，拿手菜是用奶酪配制的火锅。每到旺季，滑雪场会在原有团队不变的基础上，雇用专门的服务人员，包括托儿所人员、驾驶人员、办公室人员、策划执行人员以及客户服务人员，以便更好地执行自己的经营理念——提供最高档次的服务。

第六章
滑雪场规划设计开发实务

发现滑雪好生意

1. 滑雪场规划设计四大效益分析

效益是滑雪场规划设计的关键词，也是整个滑雪产业的决定性因素。没有效益，滑雪场建得再好也撑不下去。没有效益，干脆从一开始就不要兴建。兴建滑雪场所带来的效益是多方面、综合性的，主要包括经济效益、社会效益、产业效益与生态环保效益四类。下面我们具体分析一下，以备投资者在规划布局时参考。

经济效益

经济效益又可分为滑雪场自身的经济效益与社会的经济效益两块。前者指滑雪场可以给经营者带来的直接的经济收入，包括门票、设备器材的出售与租借、滑雪技术的教授、器材的修理费用等。这部分收益直接由出资者即滑雪场开发商享有。后者指滑雪产业的开展所产生的连带经济效益，虽为"连带"，但通常远超滑雪场自身所赢得的直接经济效益。因为滑雪产业的产业链很长，特别是酒店、餐饮等服务业，可以说缺了它们滑雪产业便不称其为滑雪产业。相应的，这些相关产业也最先获益，有时甚至比滑雪场本身还获利在先。举例说明，一个雪友要前往滑雪目的地，他首先需要搭乘交通工具，当地的运输产业就会因此获益，他可能是一位出租车司机，也可能是航空公司，总之有人消费就有人受益。

对区域经济而言，建造滑雪场对当地交通、通信、商业、手工业、农副特产等方面都有无穷的拉动效果，为解决当地人员就业甚至推进经济发展都有不可忽视的效果。在滑雪界，国内外都不乏"修了一个场（滑雪场），带富一个乡"的案例。如日本长野县的野泽温泉村、奥地利的因斯布鲁克、中国黑龙江的亚布力镇、吉林市的五里河镇、河北的崇礼县、北京的延庆县等。有时候，滑雪场本身效益可能不会太好，尤其是在经营初期，但相关行业会从中获益是毋庸置疑的。滑雪场自身的赢利问题固然值得重视，但其存在对社会经济的拉动效果同样值得重视。

社会效益

很显然，我们刚刚讨论过的"社会的经济效益"层面属于社会效益的一种，但除此之外，兴建滑雪场对所在地区乃至更广大区域，还有很多看似不太明显实则更加重要的意义。比如滑雪场的开发建造将变成所在地区对外经济、社会联络的窗口，能显著推进本地与外地的经济技术、文明协作与沟通，拓宽了经济发展途径，显著提升了地区知名度，从而为该区域吸引人、财、物等提供更多的有利条件，加速该区域的现代化进程。事实上，很多滑雪场兴建本身就是招商引资的产物。再比如，作为当前最为时尚的体育健身运动，滑雪场的兴建会使广大游客在体质、心态健康等方面获益，陶冶情操，振奋精力，同时也是对申办冬奥会做出的实际支持。

产业效益

滑雪产业从属于旅游产业，在以往，冬天是北方绝大多数地区的旅游淡季，而滑雪场的兴建不仅可以填补冬季旅游的空白，还可通过提供多样化的滑雪项目，免除旅游区各服务设备的"蛰伏"状况，并且为春夏秋三季旅游积蓄势能，保持热度。事实证明，滑雪产业的引入促进了不少区域的旅游事业冬夏皆旺，"两旺"格局的构成，对该区域的旅游产业及经济、社会、文明产生了无穷的、显著的拉动效果。

生态环保效益

滑雪场的开发需要采伐树林，进行土木工程，对植被、环境会产生不可避免的损坏，有时候甚至会引起严重的环境灾难，尤其是在高海拔山区，那里的植被本就脆弱，再生则更加困难。然而从旅游开发角度看，滑雪场建设本身也很需要环境条件的支撑。对森林、草原等地貌景象的维护、美化与重塑，也是滑雪场建设的重要组成部分。一旦发生水土流失、山体滑坡事件，在人们广泛关注环境的今天，滑雪场难保不成为千夫所指。为了自身生存与发展，滑雪场也必须考虑环保，所以不必担心滑雪场建设会对环境造成大面积、大规模的破坏。另外，像滑雪场这类大型设施，一切规划设计都在政府相关部门及相关组织的监督之下。加之很多新技术的应用，如造雪系统，对环保带来的益处还远大于滑雪场带来的环境破坏。

2. 滑雪场选址与整体规划

滑雪场属游憩设施，但它与大部分的游憩设施截然不同，纵观全球，也很少有天然就很适合做一流滑雪场的基地，任何滑雪场的兴建都少不了大动干戈，所需资金庞大，同时还要考虑滑雪场的区位问题。所以，滑雪场从初步规划到一步步兴建，远较其他游憩设施更为复杂，也更加耗时费力。也正因为如此，在投资、建设滑雪场之前，对相关流程做简单了解，非常必要。

选　址

滑雪场选址不合理将制约滑雪场发展，严重时甚至会导致项目刚刚竣工建成，就面临废弃的局面。具体操作上，可从宏观、中观、微观三个角度考量。

宏观层面，重点对区域旅游业发展布局、区位交通环境及积雪等气候环境进行研究。若是大、中型高级滑雪场，要尽量建在具有交通枢纽作用的大城市周边，交通要便利，从而在将来吸引省外、国际滑雪旅游者，也便于举办大型滑雪赛事。中、小城市可以考虑建设中小型滑雪场，面向本地客源。目前远离城市，不宜建设滑雪场。天然雪场要尽量兴建在有积雪

的山区，同时对积雪等气候状况做重点研究。如果有已开发的风景区，尽量与之匹配。

中观层面，重点是对自然地理条件做综合研究，初步确定选址方案。主要是对区域内所有落差超过一定数值的山体进行统筹，然后对各山体的山势、坡向、周边地貌、水系、地矿资源、现状基础设施等进行初步研究，从中选出若干符合建高山滑雪场的地块作为候选场址。

微观层面，指在前述基础上，做详细勘测、评估，编制选址报告，给出选址结论方案。此阶段要求对积雪状况、风向、水质水量、地形地貌进行详察，同时必须考量土地成本、雪场吸引力、预期年收益等。

规 划

确定选址后，就要对滑雪场复杂的设施进行规划了，主要包括对滑雪设施的规划、对配套设施的规划和对活动项目的规划三类。

其中，滑雪设施的规划主要包括滑雪道与索道、缆车等的规划。

在滑雪道规划设计方面，各国标准不一，但一般参照欧洲国家标准与经验。

（1）雪被：有充足的降雪，冰雪至少覆盖4个月。

（2）坡度：以25度～35度为宜，同时最好有局部的60度左右的陡坡，供滑雪高手使用。

（3）坡向：最好向北或向东，这两个方向的积雪会保持更长时间，虽然初学者往往喜欢有阳光的、更温暖的朝向。

（4）交汇点：要尽量多建几条雪道，以满足不同层次的滑雪者，并把缆车站设在数条滑雪道交汇的地方。

（5）落差：落差要足够大，它直接与滑雪场的品质挂钩。

（6）历史：尽量不要在荒山野岭建滑雪场，国外的度假区大多是在原有的山村上发展而来。

此外，国际上有滑雪道设计必须遵循的八大原则，除滑雪道本身外，也考虑到了缆车与索道的规划，毕竟除了山与雪，它们是最为重要的角色。

（1）尽量利用自然形成的山谷与低地，或其他自然形成的下坡路。

（2）尽量提供多种坡度的滑雪道，以提高吸引力。滑雪道的坡度要能让滑雪者在顶端一眼看出来，免得他们贸然闯上对他们来说有难度甚至危险的雪道。

（3）滑雪道越陡，越要拓宽些。通常以30～60米为宜，较陡的滑雪道以100米以上宽度为宜，入口与出口也要尽量宽些，免得拥挤。

（4）为安全起见，将滑雪道与缆车分开。

（5）加强对光线的控制，加强对风的监测，维持滑雪道上的雪量、雪质。

（6）防止滑雪道界线被雪覆盖或不完整，利用天然树木，或者种树作滑雪道的界线，分割不同水平的滑雪者。

（7）为所有的滑雪道准备跑道。

（8）适当增加弯道，以吸引高水平的滑雪者。

关于索道与缆车，尽量选择后者，因为从经济角度看，随着缆车长度的增加，成本会逐渐下降，盈利潜力会相应提高。当然，在经济实力足够强或者雪场环境更适宜配备索道时，也应一并考虑配备索道，并且不止一条。总之一个原则，滑雪场配备的索道与缆车的运力，要稍大于高峰时段的运力需求。

在完成上述规划的基础上，还要同时考虑配套设施与相关项目的规划，包括停车场、道路、饮食服务区、住宿区、不动产，夜间滑雪项目设施、越野滑雪设施设备、雪上摩托车与雪上汽车、雪橇以及滑冰设备等的规划与配备。

3. 滑雪场审批手续与相关监管

滑雪场占地面积广阔，施工工艺复杂，并且属于公共休憩设施，所以建设滑雪场需要体育行业管理部门、环保部门、工商部门等相关部门的报备、审批与监管，具体说来包括以下几个阶段及相应手续。

立项审批阶段

（1）项目立项申请报告书（原件一份）。

（2）项目建议书或项目可行性研究报告（一份）。

（3）建设用地的权属文件或建设项目用地预审意见书（一份）。

（4）项目建设投资概算（一份）。

（5）银信部门出示的资金证明（原件一份）。

（6）企业法人营业执照副本（复印件一份）。房地产项目需提供资质证明一份。

（7）项目地形图（一份）。

（8）有关职能部门的意见。

规划设计阶段

（1）由市规划局根据城市总体规划和立项文件核发勘察设计红线，提供规划设计条件。

（2）进入具体设计阶段，又分三个阶段，即方案设计、初步设计和施工设计。

（3）市城建局负责联系市有关部门对初步设计进行会审批复。

报建、建设阶段

（1）建设工程报建，首先要提供如下资料到建委办理登记手续：

1）计划部门核发的《固定资产投资许可证》或主管部门批准的计划任务书。

2）规划部门核发的《建设用地规划许可证》和《建设工程规划许可证》。

3）国土部门核发的《国有土地使用证》。

4）符合项目设计资格设计单位设计的施工图纸和施工图设计文件审查批准书。

5）人防办核发的《人民防空工程建设许可证》。

6）消防部门核发的《建筑工程消防设计审核意见书》。

7）防雷设施检测所核发的《防雷设施设计审核书》。

8）地震办公室核发的《抗震设防审核意见书》。

9）建设资金证明。

10）工程预算书和造价部门核发的《建设工程类别核定书》。

11）法律、法规规定的其他资料。

（2）公开招标的建设工程，要补充如下资料到招标办办理手续：

1）建设单位法定代表人证明或法定代表人委托证明。

2）建设工程施工公开招标申请表。

3）建设工程监理公开招标申请表。

（3）邀请招标的建设工程，要补充如下资料到招标办办理手续。

1）建设单位法定代表人证明或法定代表人委托证明。

2）建设工程施工邀请招标审批表。

3）建设工程监理邀请招标审批表。

4）工商部门签发的私营企业证明。

5）法人营业执照。

6）其他申请邀请招标理由证明。

（4）直接发包的建设工程，要补充如下资料到招标办办理手续：

1）建设单位法定代表人证明或法定代表人委托证明。

2）建设单位申请安排建设工程施工单位报告。

3）建设单位申请安排建设工程监理单位报告。

4）工商部门签发的私营企业证明。

5）法人营业执照。

6）建设工程直接发包审批表。

（5）办理建设工程质量监督，要提供如下资料到质监站办理手续：

1）《规划许可证》。

2）工程施工中标通知书或工程施工发包审批表。

3）工程监理中标通知书或工程监理发包审批表。

4）施工合同及其单位资质证书复印件。

5）监理合同及其单位资质证书复印件。

6）施工图设计文件审查批准书。

7）建设工程质量监督申请表。

8）法律、法规规定的其他资料。

(6)办理建设工程施工安全监督，要提供如下资料到安监站办理手续：

1. 建设单位提供的资料：

A）工程施工安全监督报告。

B）工程施工中标通知书或工程施工发包审批表。

C）工程监理中标通知书或工程监理发包审批表。

D）工程项目地质勘察报告（结论部分）。

E）施工图纸（含地下室平、立、剖）。

F）工程预算书（总建筑面积、层数、总高度、造价）。

2. 施工单位提供的资料：

A）安全生产、文明施工责任制。

B）安全生产、文明施工管理目标。

C）施工组织设计方案和专项技术方案。

D）安全生产、文明施工检查制度。

E）安全生产、文明施工教育制度。

F）项目经理资质证书复印件，安全员、特种作业人员上岗证原件和复印件。

G）现场设施、安全标志等总平面布置图。

H）购买安全网的合格证、准用证发票原件和复印件。

I）建设工程施工安全生产责任书。

J）建设工程施工安全受监申请表。

K）法律、法规规定的其他资料。

（7）领取《施工许可证》，除第一条规定提供的资料外，要补充如下资料到建委办理手续：

1）工程施工中标通知书或工程施工发包审批表。

2）工程监理中标通知书和工程监理合同。

3）施工单位项目经理资质证书（桩基础工程要提供建设行政主管部门核发的桩机管理手册）。

4）使用商品混凝土《购销合同》或经建设行政主管部门批准现场搅拌的批文。

5）质量监督申请安排表。

6）安全监督申请安排表。

7）建设工程质量监督书。

8）建设工程施工安全受监证。

9）施工许可申请表。

竣工验收阶段

（1）建设工程竣工验收，要提供如下资料到质监站审核，质监站在7个工作日内审核完毕；建设单位组织有关单位验收时，质监站派员现场监督。

1）已完成工程设计和合同约定的各项内容。

2）工程竣工验收申请表。

3）工程质量评估报告。

4）勘察、设计文件质量检查报告。

5）完整的技术档案和施工管理资料（包括设备资料）。

6）工程使用的主要建筑材料、建筑构配件和设备的进场试验报告。

7）地基与基础、主体砼结构及重要部位检验报告。

8）建设单位已按合同约定支付工程款。

9）施工单位签署的《工程质量保修书》。

10）市政基础设施的有关质量检测和功能性试验资料。

11）规划部门出具的规划验收合格证。

12）公安、消防、环保、防雷、电梯等部门出具的验收意见书或验收合格证。

13）质监站责令整改的问题已全部整改好。

14）造价站出具的工程竣工结算书。

（2）建设工程竣工验收前，施工单位要向建委提供安监站出具的工程施工安全评价书。

（3）建设工程竣工验收备案，自工程竣工验收之日起 15 个工作日内，要提供如下资料到质监站办理手续。

1）工程竣工验收报告。

2）《施工许可证》。

3）竣工验收备案表。

4）工程质量监督报告。

5）工程竣工验收申请表。

6）工程质量评估报告。

7）工程施工安全评价书。

8）工程质量保修书。

9）工程竣工结算书。

10）商品住宅要提供《住宅质量保证书》和《住宅使用说明书》。

11）法律、法规规定的其他资料。

（4）建设工程竣工结算审核，要提供如下资料到造价站办理手续：

1）工程按实际结算的，要提供如下资料：

A）建设单位和施工单位的委托书。

B）工程类别核定书。

C）工程施工中标通知书或工程施工发包审批表。

D）工程施工承发包合同。

E）施工组织设计方案。

F）图纸会审记录。

G）工程施工开工报告。

H）隐蔽工程验收记录。

I）工程施工进度表。

J）工程子目换算和抽料（筋）表。

K）工程设计变更资料。

L）施工现场签证资料。

M）竣工图。

2）工程按甲乙双方约定的固定价格（或总造价）结算的，要提供如下资料：

A）建设单位和施工单位的委托书。

B）工程承包合同原件。

C）竣工图。

4. 滑雪场规划设计四大经典模式

在滑雪场规划设计方面，目前，中国滑雪产业的先行者们已经总结出了四大经典模式，分别是土地多元化开发模式、滑雪产业整合模式、动静结合冷暖皆宜模式和敬天爱人天人合一模式，下面我们结合四个相关案例，来具体探讨。

徐州山水滑雪场

徐州山水滑雪场以"土地多元化开发模式"为导向，在整合土地功能关系方面做得非常好，它紧紧依托国家 AAAA 级旅游风景区督公湖休闲度假区，建设成为了华东地区规模最大、设施最完备的现代化雪上运动体验中心，风景秀美，体验游玩项目众多。项目包括：极限滑雪乐园、极限漂流乐园、极限悠波球乐园、极限滑草乐园、极限飞天蹦极乐园、极限飞行乐园、极限穿越世界、极限魔幻世界、极限恐怖世界等特色主题体验型游玩项目。滑雪场运营面积 6 万平方米，设施先进，雪道种类齐全。其滑雪道长度为北京以南地区最长，加上缓冲区与营业厅共计 1000 米。

发现滑雪好生意

亚布力滑雪场

冰雪活了，人才回了，日子火了——这是黑龙江亚布力滑雪场开启滑雪产业整合模式后当地百姓的直观感受。2014年，亚布力景区通过全新规划、整合资源，实现了"雪道相连，三山联网"，理顺了原有庞杂的旅游体系。游客一卡在手，可滑遍三座山、46条风格迥异的雪道。在广泛吸引客源的同时，这几年，亚布力滑雪场非常注重吸收当地人才，特别喜欢那些曾经在北京、上海等大城市闯荡过的年轻人加盟。加盟亚布力，改写了不少年轻人的人生，他们的加盟则为亚布力的服务与管理注入了新的力量。在新建的度假村，一间间具有东北特色的茅草屋替代了原先的荒草甸。挂满红灯笼、窗贴大"福"字的篱笆小院，大草房中的大红花被与热炕头，将游客的记忆带回童年，也将丰厚的利润带给雪场。除此之外，与雪场相配套，度假村还供应山泉水、山珍、干货、野味，均出自当地企业。度假村外围与景区沿线还有数不清的家庭旅馆，很多人守在家门口就把钱赚了。

毛家峪印象滑雪胜地

毛家峪印象滑雪胜地位于天津市蓟县城东的毛家峪长寿村内，总占地面积30万平方米，是天津市首个集滑雪、度假住宿、景区游览、娱乐互动于一体的综合性度假村，也是天津地区规模最大、设备最先进、雪道种类最齐全的滑雪度假胜地。雪场被规划为滑雪场综合服务中心、标准初级滑雪道、优质中级雪道、雪上冲浪道、练习/戏雪平台、魔毯输送机、终点缓冲区七大分区，拥有客房、餐厅、咖啡吧、超市、休息区、影吧、停车场等配套项目，并配有专业滑雪教练。除滑雪外，还有雪地坦克、悠波球、雪圈等各类雪地新项目，还针对儿童提供专门的滑雪场地，开办了嬉雪园，有堆雪人、打雪仗、推雪圈、雪橇等儿童游乐项目。雪场四面环山，景色优美，生态覆盖率高达95%，冬季可滑雪，春季可踏青，夏季可嬉水，秋季可采摘，称得上动静结合，冷暖兼备。

武威塔尔湾冰雪嘉年华

武威塔尔湾冰雪嘉年华以"敬天爱人，合作共赢"为核心，属四季综合性雪场，从滑雪场的选址到雪道的开发，都遵循天人合一的传统理念，注重可持续发展能力，建有儿童滑雪区、灯光滑雪区、跳台滑雪区、大面积的滑雪区域以及滑雪圈道、狗拉雪橇道、越野滑雪道等，可容纳1000人同时滑雪、嬉戏。该项目规划伊始，就制订了"打造人气、形成商气、带动地气"的三步走方案。具体来说就是在初、中、高级雪道等运动场所的带动下，形成人流、聚集人气。进而通过商服、餐饮、运动、竞技等休闲配套，增加游客粘性。最后以承办国际赛事的滑雪场、地域性休闲滑雪中心等休闲运动中心，带动周边产业发展、形成滑雪产业链。

第七章
滑雪场经营与管理

1. 滑雪场运营管理

一方面，中国滑雪场数量急剧攀升；另一方面，中国滑雪场亏损比例也水涨船高。去年，全国滑雪场数量达到 600 多家，但其中有 1/3 未开业，很多投资者打的是出售的主意，相关调查数据显示，仅山东省就有 9 家。

万龙滑雪场是个知名品牌，也是个例外。2015 年，它在连续亏损 11 年后终于实现了盈利，但盈利规模不到雪场总营业额的 10%。微利，或者说是惨淡经营，这是很多滑雪场的真实写照。

归纳起来，滑雪场亏损的原因不外乎以下几个：资金投入大、运营成本高、营业收入低等。如前所述，滑雪场前期投入与运营成本高昂，运营过程中，造雪压雪设备、索道的保养维护、人工造雪、雪具更新以及人工费用占比都很重。有人说滑雪场亏损主要是因为滑雪场单季经营，干一季歇三季，配套设施少，游乐项目不多，这是事实，但改善这一点前提仍然是巨大的持续的投入，一旦管理不善，可能陷入投资越大赔得越多的境地。

梳理国外滑雪场的成功之处，与它们普遍采用四季经营模式有关，我们也会在以后的章节里重点介绍，但是其管理经验，尤其是精细化管理理念与实践，无疑更值得我们借鉴。

欧美滑雪文化固然悠久，但在滑雪场经营上，也不乏亏损的历史，特别是那些中小型滑雪场。它们被大型度假型滑雪场淘汰的原因，与我国中小型滑雪场长期经营不善的原因，有着共同的内在逻辑：因为小，实力有限，所以不愿意在设备、人员、运维、服务、安全、营销等方面多花投资，也融不到资金，软硬件无法提升，留不住滑雪者，自己也没心气，最后只能是关张大吉。

纵观国际上著名的滑雪场，如瑞士圣莫里茨、美国阿斯彭、法国高雪维尔等，它们能久盛不衰一般是因为具备以下因素。

整体规划合理

这不仅是精细化管理的一部分，也是最为重要的一部分。规划做不好，后续也很难做好。上述滑雪场以及国际著名雪场大部分坐落于高山，拥有天然的开发优势，落差和雪道是其核心竞争力，自然降雪多，人工造雪的成本很低，每年都可节约大量资金，同时也可利用丰富的高山雪地资源及相应资源，开发多层次的滑雪产业，打造集滑雪运动、度假、购物、住宿和餐饮等多功能于一体的旅游度假模式。

精细化的设施设备

国外冰雪产业投资者虽然也看重利润，但很少炒概念，很多滑雪场针对消费者打造了精细化设施设备，雪道十分宽大，配套服务优质精准，即便是略高的价格，但超强的性价比仍得到了消费者的青睐。而对中国冰雪产业来说，我们的春天是来了，但春天其实是播种的时候，到秋天收获还有两个季节，不能刚把种子播下去就想收获,要有必要的耐心与基本的情怀。

各具特色的设计和服务

相似项目多,同质化竞争严重,是中国滑雪产业共同的弊病。反观国际上著名的滑雪场,但凡我们叫得上名字的,都有各自的特色,这些特色都是为贴合旅行者不同的需求而建设的,以给滑雪者提供完全不同的感受和体验作为各自的卖点。如高雪维尔为游客提供的众多奢侈品店和多家口碑一流的米其林星级餐厅,以及丰富多彩的夜生活等特色服务。

与其他产业共同开发

目前,国际上著名雪场所在地的滑雪产业对当地的国民经济均有很大的推进和影响,但当地政府并不因此而满足,而是进一步开发冰雪小镇、滑雪竞赛等冬季运营产业项目,与其他产业相关联,向四季旅游度假村迈进。2016年,中国复兴集团拟收购法国滑雪场运营商CDA一事曾引起广泛关注。此前,复星集团已成功收购了法国度假村集团Club Med,再度出手,遭到了当地居民与政府的共同反对。此事件提醒我们,中国资本的崛起对中国冰雪产业是个好事,但中国冰雪产业的健康发展绝非烧钱那么简单。

另外,滑雪场经营开发的系统性和复杂性要求科学、合理、系统、高效地进行滑雪场运营规划,滑雪场雪道设计、设施配备、项目设置等硬资源的投入必不可少,对雪场定位、市场分析、营销宣传和团队建设等软资源的综合规划也不可或缺。对滑雪场经营者来说,从设计到运营,从服务到培训,每一步都关系着今后的客流量,也直接与运营成本挂钩,其好坏及是否科学也直接关系到滑雪场的市场开发能力与赢利能力。

2. 滑雪场如何做市场营销

销售做不好，企业也就做不好。没有人不知道这个道理。很多人也经常把"市场营销"挂在嘴边上，但效果并不明显。究其原因，就在于缺乏专业训练，没有正规打法。

可以说，滑雪场是铁打的营盘，滑雪者是流水的兵，只有市场营销才是硬道理。而市场营销又可划分为市场行为与营销行为，后者也通常被称作销售。实践中，很多人往往把两者混为一谈，这也难怪，因为市场包含着销售，而销售是市场的组成部分。它们有很多共同点，也有很大不同，最大区别则在于市场是创造需求，而销售是满足需求。做市场是运筹帷幄，做销售是短兵相接。做市场主要是"谋"，做销售主要是"干"。没有销售的支持，市场无意义。反过来说，销售很坚决，也很勇敢，反复向顾客发起冲锋，但前方布满地雷，阵地上有坚固的堡垒，这时候就需要市场人员进行有效策划，排除障碍物。所以重点在于协调好市场与销售的关系。市场与销售的目标都是顾客，前者的策略是"拉"，后者的策略是"推"。推拉结合，才能构建市场营销的闭环。

再说具体点，市场的工作主要是想方设法让滑雪者知道并全面了解滑雪场，具体手法包括在各种各样的媒体上宣传，如电视、报纸、杂志、海报、传单，以及网络。比较惯用的传统手法是，租一辆大巴车，车上张贴或者涂刷该滑雪场的宣传画报等宣传品，在周边区域来回宣传，同时负责接送滑雪者。如果想让滑雪场在最短时间内被尽可能广泛的人群知悉，可借助网络面向全社会征集广告语，设置较大的奖项，比如9999元，同时配合事件营销，形成持续上升的市场关注度，全方位提升滑雪场名气与品牌。而销售，主要是对一些目标客户进行精准销售，比如到周边景区接洽路过的旅游团或背包客，到写字楼、咖啡馆、快餐店、酒店、中高级社区等派发传单；再如通过电话、短信、微信等方式直接向单位或个人销售。

市场营销的范畴广大，各种手法众多，滑雪经营者不必拘泥一格，这里抛砖引玉，介绍两种比较有效且不可或缺的经营措施。

会员制

会员制度的好处就是可以有效避免淡季，同时可提前回笼资金，并留住一些常客。对这些常客来说，则是一定程度上的优惠。会员卡一般分为月卡、季卡、年卡，或者金卡、银卡、铜卡等。要根据不同卡给以不同的折扣优惠。还可以依托会员组建滑雪者俱乐部，逐渐吸纳更多滑雪爱好者参与其中，定期举办一些活动，如比赛或研讨会，及时掌握雪友的意向，调整服务方向，使更多滑雪爱好者光顾。

渠道商

除直销外，滑雪场要懂得发展渠道营销和生意伙伴，借助别人的力量提高自己的业绩。渠道营销的好处，首先在于渠道的销售员卖力地卖着你的产品，但他不是你的员工，不需要底薪。而且，因为没有底薪，他们更有动力。除了需要在市场宣传上支持他们以外，根本不必担心他们偷懒。

招募合作伙伴一般来说要不拘一格，比如各类旅行社、各种滑雪组织和各种与教育、娱乐、运动有关的机构，乃至个人。尤其是旅行社及滑雪组织，他们一般不缺客户资源，具体操作时可利用激励手段，争取最大化地利用其客户资源。至于个人合作者，要防止其借用滑雪场谋取不正当利益，损毁滑雪场形象，毕竟金杯、银杯不如消费者的口碑。

发现滑雪好生意

3. 滑雪场增值服务管理

增值服务也是个组合词，从滑雪者的角度说，其注重的是服务，从滑雪场的角度来说，提供服务的目的则是为了增值。能理顺相互之间的逻辑，滑雪场的经营便能打开思路。

前面说过，滑雪场属休憩设施，它与迪士尼本质上没什么不同。迪士尼的收入来源主要是门票，60美元一次；其次为消费，比如买卡通道具等。当年，唐骏曾经赴美为华尔街的投资人讲过盛大的免费模式：盛大就好比免费的迪士尼，会有海量的人群涌入，买里面的道具，并进行其他消费，不仅可以弥补门票收入，而且可以超过它。同样的道理，滑雪场也不能仅盯着雪票或缆车票。能把人吸引到滑雪场，你还怕找不到赚钱的地方？

所以，建议滑雪场尽量降低入场费，通过增值服务赚钱。目前，主流滑雪场的进场费还是偏高，这对学生、个人和组织等客户都有一定的心理障碍。价格永远都是杀手锏。会赚钱的公园和娱乐场所，都是免费或很低的收费就允许客户进去玩，但内中设置了很多收费的项目。这里绝对没有让滑雪场洗劫滑雪者钱包的意思，而是说提供全方位的增值服务，让全方位的服务为自己的效益增值。

比如，绝大多数滑雪者都会在滑雪场附近就餐，而餐饮业有其固有的利润，滑雪场或者自己建设并经营配套餐厅，或者自建完出租给经营者，收取固定收益。很多滑雪场因地处乡野，还提供野味及绿色食品，很难说，滑雪者究竟是为了运动而来，还是为了美食而来。同样的，滑雪场可以设置不同的项目，既包括冰上运动，也包括冰上娱乐，以及各种与冰雪无关的项目。总之一句话，重要的是让顾客玩好，而不是玩什么。每一项活动都伴随着相应的盈利点，吃饭、住宿、购物、照相……

有人把2015年称为中国滑雪产业元年，顾名思义，中国滑雪产业尚处在初级阶段，国内尚未形成成熟的滑雪产业集成化发展理念。梳理国外优秀滑雪场，不仅雪道宽敞，设备精良，培训到位，服务周全，还会开展各种相关与不相关的活动，包括登山、攀岩、高尔夫、山地自行车、溜索、徒步、缆车逛逛、滑翔伞等，甚至会组织各类音乐节、电影节和美食节等活动。唯其如此，才能稳定经营管理团队，提高设施设备利用率，从而走上持续发展之路。

相关调查也显示，目前国内滑雪场经营项目多集中在滑雪学校、戏雪、雪上乐园、雪具租赁、体育赛事合作等方面，其中酒店、餐饮、购物等配套营收占比比较小，没有形成良性的一体化旅游消费体系。其中主要原因，一方面在于初次滑雪者较多，无法有效提升游客的停留时间，另一方面则是雪场经营者没有引起足够的重视。前面讲过万龙连续亏损11年后终于实现盈利的例子，关键就在于，雪场加强了这方面的建设与管理。

雪具销售与租赁也是雪场的主要收入之一，无论消费者是买是租，这

发现滑雪好生意

都是刚需，前提是把销售者吸引到雪场。而为了吸引滑雪爱好者，滑雪场势必需要做好增殖服务，比如提供从机场、车站到雪场的免费车辆，提供免费的基础培训等。

一度，某些投资者寄希望于与滑雪场相伴生的房地产项目，但随着滑雪产业腾飞，以及房地产业从黄金时代走向白银时代，此消彼长的格局显而易见。在这方面，万龙同样为同行们做出了榜样。万龙确实在房地产上攫金不菲，但核心依然是滑雪场，很大程度上是用房地产赚的钱抵滑雪场前期的亏空。这是应有的思路，毕竟房地产是一次性消费，而滑雪场能带来持续的收益。滑雪产业也应该以滑雪场为核心，而不能让滑雪场为房地产服务。这种思路渗透到万龙滑雪场的经营理念上，就是万龙董事长罗力所说的："我们不希望一次来1000人，我们希望一个人来1000次。"

4. 滑雪场的安全生产管理

滑雪是一种瞬时激情运动，能够让人体会到近乎飞翔的感觉，这正是它的迷人之处。与此同时，这也决定了它是一种风险系数比较高的运动，特别是对滑雪不太在行的新手来说，可能因为一个动作没做好就会受伤。所以，从滑雪者角度来说，要做好各种防范，尤其是关于头部的保护，如戴好头盔。从滑雪场来角度说，不仅要有，还要具备专业安全生产管理体系。每一次滑雪事故的背后，都是无数潜在滑雪爱好者对这项运动的望而却步。从这个意义上说，滑雪场的安全生产管理事关整个冰雪产业的未来。

从一定程度上说，滑雪非常简单，只是一种行走方式，下至七八岁的儿童，上至七八十岁的老人，都可以学习。问题是，当前滑雪辅导员市场缺口巨大，截至目前，真正获得国家滑雪指导员证书者仅数百人。相比中国现阶段滑雪爱好者及大量的潜在雪友，这一数字少得可怜。在这种情况下，不正规的滑雪辅导员出现在各大雪场势所难免。保守估计，目前中国至少有数千无执业资格的滑雪辅导员。然而即便是这样，也依然无法满足中国上千万的初次滑雪者的培训需求，滑雪事故接连不断，滑雪这项运动在公众看来越发不安全。

发现滑雪好生意

我们一再强调,将初次滑雪者转化为二次消费者是中国滑雪产业持续发展的关键,而指导员认证和教材体系则是关键中的关键。滑雪场投资规模巨大,回收周期漫长,如何将初次滑雪者转化为二次消费者,是摆在经营者面前的根本问题。中国是全球最大的初级滑雪者市场,2016年的数字为1133万人,想让这些人发自内心地喜欢上滑雪,很大程度上取决于初次滑雪感受,既要感觉到安全,又能感受到乐趣。安全也好,乐趣也罢,都要以一定的专业性做保障。对初次滑雪者来说,这种专业性不可能无师自通,无论是姿势、技巧还是技术,都需要辅导员来指导。但是,如果教练都不专业,安全又何从谈起呢?遑论乐趣。

所谓专业,一是指教练的专业技能,二是指教练的专业服务意识。中国的滑雪产业毕竟起步很晚,时间还短,体现在滑雪场的安全生产管理方面差距尤其明显。今年,《中国滑雪场所管理规范》问世,但在以前,基本上处在无人管制的状态。说起来很尴尬,即便有这样的监管部门,监管人员也不可能专业。我们不能指望制订一部《规范》就能在短期内获得改观,还必须面对当前国家体育总局对滑雪教练、滑雪指导员等执业人员的考核门槛较低,相关人员专业性有限,服务意识差这一现实。中国亟需建立一个具有完整性、统一性、公立性,独立于雪场同时又为雪场服务,符合大众滑雪游客需求的滑雪指导员培训体系。尽管越来越多的雪场自发建立了自己的滑雪学校和教练培训体系,但尚缺乏科学化的技术教学体系与系统化的教学理论和方法论。

滑雪教练不专业,一定程度上等于滑雪场不专业。滑雪教练不仅应该具备基本的滑雪技能、丰富的滑雪经验,还需具备一定的道德素质、文化程度、灵活地掌握滑雪教学方法和良好的语言表达能力,以及专业的服务意识和服务能力，并了解安全救护、滑雪装备维护等方面的基本知识。然而，一来国内本就缺乏高素质滑雪教练，二来这类人才通常不会屈就，大多数滑雪场也乐得降低人力成本，通常是就近招一些剩余劳动力，简单培训立即上岗，存在安全隐患也就在所难免了。

打铁还要自身硬，除安全意识薄弱、从业人员素质参差不齐外，很多滑雪场在安全生产基础方面投入不足的问题也很严重。很多滑雪场都标榜自己的设备为进口产品，其实进口产品未必就比国产的好，我们不否认某些进口装备确有值得肯定之处，但不要忘了，进口装备每每伴随着相应的先进理念。比如，滑雪场的缆车大多是进口设备，性能优异，但维护、检测等情况如何呢？曾经有不愿具名的从业人员对媒体爆料称，其所在滑雪场的缆车每年只检测一次，"令人发指"！

很多从业者经常抱怨，国内雪友对滑雪培训的认同度低，能接受300元～600元/小时滑雪教学的人只有两成，然而这不意味着他们可以就此忽视对那些宣称"就想自己玩玩儿"的滑雪者的引导与保护。滑雪者有没有技能是一回事，滑雪场的管理是否缺位是另一回事。调查显示，很多民营滑雪场都存在着安全员、巡逻员较少，对各种妨碍公众安全的行为不予制止，甚至完全不予理会。一些判例则显示，滑雪者在雪道发生碰撞后，因滑雪场既无专业的安全救援体系，又缺少监控摄像，无法获取视频证据，导致无法对伤员进行及时救治，并存在损害侵权责任主体和责任范围均难以认定等问题。然而我们知道，无论怎样，滑雪场都难辞其咎。任何安全措施的疏漏，最终都会体现为滑雪场的损失与经营不善。

发现滑雪好生意

5. 像呵护孩子一样呵护雪友

前面说过，少年儿童是中国滑雪事业的生力军，作为已经今非昔比的中国家长们，他们并不吝啬在孩子身上花钱，主要是担心滑雪会给孩子造成伤害。有担心，说明我们的正面宣传不够，同时各滑雪场对包括少年儿童在内的广大雪友的责任心确实有待加强。另外，凡是作为父母的人都有体会，很多事情在不考虑孩子，特别是自家孩子的情况下，或许会有争议，但一考虑孩子，马上就再无疑问。如果在经营滑雪场的过程中，经营者都能抱着为人父母的态度与责任心，中国的滑雪产业大发展及良性循环都可以说是指日可待。

当然，我们不能泛泛而谈，恰如生活中很多父母也很爱孩子但孩子还是发生了各种危险，问题就在于他们不懂得怎样去具体呵护孩子。下面，我们就以类似的视角，谈谈滑雪场及工作人员该如何具体呵护滑雪者。

统筹相关数据，可知当前中国滑雪产业每年的意外伤害约有20%是因场地、气候、设备因素引起，80%则是由滑雪者自身因素及滑雪场引导不够等因素导致。如此，避免相关伤害就可以采取以下三步走策略：首先，尽可能地排除一切安全隐患；其次，着力培养员工和滑雪者的安全意识；

最后，做好相关预防措施及应急预案。

先说防患于未然，也就是尽可能地消除安全隐患，这是最基本的。我们承认，有些事情，如不可抗力，谁都无能为力，谁也无法避免。然而，作为滑雪场的管理者，我们至少应该清楚地知道有哪些安全隐患存在。比如场地自身原因造成的隐患，如场地在规划时不合理，没有防护或防护方法不得当，雪质不好，没有安全提示等，再如设备、器材因素，如脱离器强度不合适，滑雪板与身高不合适，安全装备劣质、缺乏保养维修等；还有游客自身因素，如自身疾病，安全意识不强，心理素质差等。只有对这相关隐患有足够的认识、足够的了解，才能有针对性地避免或解决。也只有做到这一点，父母才会把孩子托付给我们，才能赢得消费者的普遍认同，并取得相应的口碑效应。

而做到这一点，离不开必要的安全意识。所以，培养员工和滑雪者的安全意识这点，我们虽然称之为第二步，但不能机械理解，安全意识其实是整个安全管理的前提，这里只是具体展开而已。正如我们带孩子一样，滑雪场及工作人员的主要任务是引导消费者安全地滑雪，培养其安全意识和自我保护能力。毕竟，滑雪场人手再多，也不可能盯住顾客的每一个动作。而现在存在的问题，主要是有些滑雪场要么不告诉消费者潜在危险，要么是他们自己都知之甚少，也没有相关的安全手册。而一旦具备了安全意识，这些东西都是标配，并且会越来越全面。

第三步，即是及时的应对与处理。防范工作做得再好，也难免百密一疏，或者各种意想不到的情况。这个时候，要做到积极处理，防止事态进一步恶化，减轻伤者的痛苦，使其得到有效救治，妥善做好理赔，而不是推卸责任，引发公关危机。

第八章
滑雪场四季经营模式探索

发现滑雪好生意

1. 从单季运营到四季经营

作为当前全球滑雪市场唯一显著增长的国家，中国冰雪产业的巨大发展潜力显而易见，谁也不会质疑这个行业向上攀升的势头。然而，这同时也说明中国的滑雪市场尚不成熟，也不可避免存在着诸多瓶颈，单季经营就是其一。

在以往，中国滑雪场还很稀缺的年代，滑雪场"一年闲三季"的问题还不太明显，而随着近几年我国滑雪场市场快速发展，越来越多的人意识到，无法突破非雪季运营的瓶颈，便无法从本质上改善滑雪场经营不善的问题。其中也不乏先行者，如沈阳怪坡国际滑雪场、崇礼太舞滑雪小镇等，率先做出了种种开发非雪季旅游市场的举措。

沈阳怪坡国际滑雪场是辽沈地区滑雪场中向四季型运营发展的探索者与领军者，考虑到当地的气候特点，即冬季较长，所谓四季经营其实近似于两季运营，也就是冬季与夏季。而在夏季经营方面，怪坡滑雪场一直在进行着尝试。比较重大的举措就是开发君越水世界这个目前辽沈地区唯一的"林中海"主题水上乐园，其由万亩山体花卉、万平户外玛雅文化造浪池及戏水乐园组成。除此之外，近几年，怪坡滑雪场还增加了山林探索、户外拓展、弓箭场、户外篮球场与足球场等项目设施。这些项目一方面整合了现有闲置土地，使其高效利用；另一方面在促进滑雪场发展定位向四季旅游度假村转变的同时，为滑雪场增加了相应收益与口碑，带动了周边地区冰雪运动的普及，也为国内滑雪场四季运营模式奠定了理论基础。

太舞滑雪小镇的非雪季运营探索始于 2016 年，这相对于其开业时间（2015 年）并不算晚。太舞滑雪小镇投资总额超过 200 亿元，是 2022 年冬奥会项目主场，还是目前国内规模最大的综合滑雪度假区。其雪场规划、雪道设计、设备与人才配备自不必提，在不断开拓冬季运动项目的基础上，他们依山就势，设置了诸如徒步巡游、全地形越野车巡游、定向越野、山地高尔夫训练、飞碟射击、露营、骑马、射箭、空中探险、水乐园、木乐园等共 42 个非雪季项目，从而成为了崇礼非雪季旅游项目最多的滑雪场。

无须讳言，上述先行者在滑雪场四季经营模式上的尝试，都源于对国外同行的借鉴。相较国内滑雪产业的刚刚起步，欧美滑雪场孕育出了相关国家滑雪运动的悠久历史和文化，在滑雪场四季经营方面也已经处于成熟期。很多滑雪场都依靠多年积累的较为雄厚的资金链，建立起了集滑雪运动、度假、购物、住宿、餐饮等多功能一整套的滑雪及相关服务，并逐渐形成了良性运转的四季经营模式。

相对于国际上著名的滑雪场，以及上述少数国内四季滑雪场，国内大多数滑雪场要么是尚未注意到从单季经营转型为四季经营的必要性，要么是重视不够，有不少雪场面对经营困境时不是积极探索，而是打起退堂鼓，意欲将不良资产转嫁出去。还有一些滑雪场，虽然在夏季项目的开发上做出了大胆尝试，迈出了雪场转型的第一步，但囿于对国外经营管理模式的生搬硬套，做不到天时、地利、人和，效果并不理想。所以说，我国滑雪场由单季经营向四季经营转变的路，仍然很长。

发现滑雪好生意

2. 资源导向型转型与市场导向型转型

如前所述，某些滑雪场虽然在四季经营项目方面做出了大胆开发，投资也不小，但囿于对国外模式的生搬硬套，效果很不理想。那么，在转型过程中，滑雪场经营者该注意哪些基本问题？

纵观国内外经营得不错的四季滑雪场，不外乎两种：一种是"善用自然条件"，即资源导向型，也就是利用特有的一些资源去设计经营项目，利用特色吸引潜在客户；另一种则是市场导向型，即以市场需求为导向，设计、开发合适的项目。

资源导向型

资源导向型的滑雪场，基本上在选址时就考虑到了后续开发，当地通常气候宜人、风景优美、自然资源丰富或人文环境优越，在这些地方建滑雪场，冬季可滑雪、夏季可避暑、春秋可观光，四时皆宜，全年营收。相关的通用原则说来就是一句话，即"冬天滑雪场，夏天游乐场"。利用山地特色，可开发的项目包括山地自行车、山地摩托车、滑翔伞、登山、攀岩、溜索等，水资源丰富的地方还可以开展漂流、冲浪、泛舟、垂钓等，具备森林资源的地区又可以加上探险、打猎、野营等。

精明且有实力的经营者，通常会尽可能地利用当地自然资源，建设度假小镇型滑雪场，包含吃、住、行、游、购、娱旅游六大要素以及其他商业配套。加拿大首屈一指的全年旅游目的地惠斯勒度假村就是个中代表，它位于两座雄伟的山脉中间，包括一个度假村、一座滑雪场、四个锦标赛高尔夫球场、世界级购物体验中心、餐厅和酒吧、徒步旅行路线、水疗馆，还有堪称全球最棒的山地自行车公园。作为全球滑雪胜地，其夏季旅游人数反倒远超冬季旅游人数。2015年的统计数字，夏季为150万，冬季为100万。250万人次，想想背后是多大的利润？！

硬件不可缺，软件也不能少。除了利用自然资源，打造大型综合度假村，组织一般的观光、避暑、住宿、会议等活动之外，还有一个通用原则，那就是组织各类音乐节、电影节和美食节，以及相关运动赛事。美国的阿斯本就是典型之一，从1994年起，雪堆山村就开始举办阿斯本雪堆山爵士音乐节，为公众免费奉送精彩的露天音乐会，从雷鬼乐到古典爵士乐，从摇滚到乡村民谣，应有尽有，美景、美食、美好的音乐，让无数人心驰神往，乐不知返。

没山没水没森林怎么办？没关系，自然资源的范畴广泛，农田、矿山、古镇、民俗等，都可以用来做文章。日本的二世古滑雪区共三个滑雪场，它们结合形成了北海道最大型的滑雪场，也是滑雪场经营与农业观光结合的典型。在这里，游客夏季可玩普通四季滑雪场都会有的登山、泛舟、徒步、骑马等运动，享受户外活动，同时这里还是花与农产品的乐园，花田与农田交错，形成了绝美的景色。除农场外，当地还辟有牧场，供游客品尝有

机蔬菜、新鲜的奶制品、地道的肉食，还能下地劳作，当一回地道的农夫。韩国的 High1 滑雪场则巧妙地利用了废弃的工业资源，将它们变废为宝。在其匠心运作下，一座废旧的煤场被打造成博物馆，深得游客喜爱。此外，这里也不乏滑道、观光、徒步、赌场和高尔夫等传统项目。

市场导向型

以市场为导向开发的滑雪度假区多半不具备太多先天优势，在自然资源上不如资源导向型滑雪度假区那么优越，但是它们能找准市场感应点与游客心动点，照样把滑雪场经营得有声有色。其通用原则简单说来也是一句话，即"冬天滑雪场，夏天水上乐园"。之所以如此，是因为滑雪和戏水都是季节性很强的项目，旅游有很强的时效性，什么时节玩什么有其规律。相关调研也表明，在夏季 90% 的游客喜欢去体验一些水上项目，去与水有关的景区。

国外比较有代表性的案例是韩国的大明维瓦尔第公园度假村，它位于韩国江原道，距首尔一小时车程，其特点就是能让游客在度假村体验到一年四季的乐趣，冬有滑雪场、夏有水上世界、春秋有高尔夫球场，以及各种娱乐休闲设施。国内比较有代表性的是以亚布力为代表的一些老牌滑雪场，相关简介前面都有，这里不再重复了。

3. 最受欢迎的十大非雪季项目

登山、攀岩、探险、热气球、滑翔伞、滑索、蹦极、漂流、冲浪、泛舟、采摘……每个雪场都希望多开发项目，以提高度假区的吸引力和竞争力，但不是每个项目都受游客欢迎，也不是每个项目都能带来不错的收益。重要的是兼顾资源导向与市场导向，以游客偏好度、参与度、企业运营成本、经济效益为依据综合考量。

比如前面说过，加拿大惠斯勒滑雪度假村有全球最好的山地自行车公园，是其重要卖点之一，然而移植到国内就未必好，因为这种运动在国内非常小众，相对来说人们更加喜欢山地摩托车。再比如滑草，虽然此项目与滑雪场的结合天衣无缝，也很接地气，但体验感比滑雪差很远，容易给人造成滑雪也不过如此的印象。而热气球，虽然有很大的吸引力，但实际运营中相当麻烦：升空的气球需向空管局报备，还必须配备专人牵绳固定，每次充气和收纳也比较麻烦……下面抛砖引玉，列出十个比较受欢迎的非雪季运动，供正在规划或想调整运营结构的滑雪场做参考。

发现滑雪好生意

迷你高尔夫

亲民的价格，贵族的运动，滑雪运动的天然搭档。而且可利用现有雪具厅，作为休息区和打位区，门口的坡地当球道，不必大兴土木，充分利用场地且不互相影响，投入少，回报高，运营成本低。

登 山

如果说迷你高尔夫价格亲民，登山则根本不需要游客掏钱，滑雪场方面也不需要太多投资，即可达到吸引消费者并长期粘滞的效果，具体操作时可以结合年票、会员等运营策略。若有预算，可设计制作木栈道、石台阶等设施，包装沿路景点，无预算只需勘探好线路，做好安全防护即可。

丛林探险

回归自然，回归原始，体验一把人猿泰山的感觉，是都市人尤其是白领小资们的最爱。丛林探险汇集高空、速度、力量、毅力等户外探险所必备的元素，让人感受丛林攀爬与林间穿越的刺激，是亲子活动和户外拓展绝佳的场地，若有天然溪流、湖泊等，更具诱惑力。要点是不破坏自然环境，保持原始生态结构，春夏秋冬皆可运营，同时可与任何项目结合，建设成本可大可小，运营成本、维护成本较低，获利较高。

旱地雪橇

速度与激情的融合，可快可慢，可坐可卧，刺激又舒服，安全有保障。利用山地地形，用钢轨做成滑道，配置几套"雪橇车"即可，建设成本中等，运营成本、维护成本低，获利高。不破坏生态，可四季运营。

越野摩托

对于厌倦堵车、经常开斗气车的人来说，越野摩托可以让他们彻底释放蓄积的情绪。特点是只需购买车辆，无需修路，四季运营，运营成本较低，回报较高，但要注意引导游客按规定路线行驶，确保安全。

滑　索

滑雪能让人体会飞翔的感觉，但终究还在地上。滑索则让人直接成为空中飞人，而且很安全。可跨越草地、湖泊、河流、山谷、森林，借助高差从高处以较快的速度向下滑行，使游客在有惊无险的快乐中感受刺激和满足，可四季运营，运营成本低，投入少，回报高，见效快，节能环保。

垂　钓

修身养性，休养生息，使人从纷繁俗事中脱身而出，抛开杂念，享受山野江湖的淡然，与滑雪运动构成鲜明对比，使人静若处子，动如脱兔。若有天然湖泊，可配合开发水上乐园，若无则可利用雪场的蓄水池改造，运营成本很低，投入少，回报高，很受欢迎。

水上乐园

水是生命之源，人对水的眷恋从始至终，男女老少都喜欢。缺点是投入大、运营成本也高，但回报同样可观，是最赚眼球的项目。若有天然水源，并且水源干净，水量也丰富，会更受游客青睐，具体打造时可考虑修建栈桥、人造沙滩及小瀑布等，要点是必须配备安全员，以免游客溺水。

采 摘

这是所有滑雪场都可以搞的项目，无论南北，不分季节。夏秋季节有条件者可搞原始采摘，无条件者可搞田园采摘，冬春季节可以搞温室反季节采摘，同时配合体验活动，让游客品尝自己的劳动所得，也是科普、亲子教育的好方式。农产品可供给餐厅，可自用，可出售，运营成本较高，但回报较高，而且受众广泛。

户外烧烤

民以食为天，烧烤则是人类最早应用的烹调方式，仅提供烧烤炉、木炭、调料、半成品肉串，就能吸引绝大部分游客，投入小，成本低，回报丰厚，同时也是滑雪场配套服务的有力组成部分。要点是提供放心的食材与预防火灾，如果能利用山地资源，放养牛羊，更有卖点。

4. 滑雪场四季运营 5W 理论

规划完滑雪场四季运营项目，还是要回归到"如何卖"这个基本问题上来。在本章的结尾，我们结合实战，重点介绍著名的"5W 理论"。

5W 理论出自美国学者哈罗德·拉斯韦尔，五个 W 分别代表一个英语疑问代词，即它们的首字母，包括 Who、To Whom、Says What、In Which Channel 和 With What Effect。翻译成中文，就是：我是谁，我的客户是谁，我要对他说什么，通过什么途径告诉他，要达到什么效果。下面，我们具体阐释一下。

Who（我是谁）：我是谁？我是传播者，所有的营销人员、广告人员，都是传播者，这是一上来就要求我们对自己有明确的认知，并在此基础上梳理滑雪场的品牌定位、核心优势、特色竞争力等。这并不难，经营者在前期规划中通常会考虑到这些。然而重要的问题不在我，而在于反向思考，即"我"的品牌定位消费者认可吗？"我"的优势他们接受吗？"我"的特色竞争力是不是有点小众？等等。所以，关键在于换位思考，从消费者角度来审视"我"，"我是谁"很重要，但"我"在消费者心目中是什么更重要。

To Whom（我的客户是谁）：这一步，是指滑雪场经营者要研究客户，了解细分人群的具体特征，比如年龄结构、性别、收入情况、分布在哪里、购买理由和动机等等。前面已经有过介绍，这里就不再重复。

Says What（我要对他说什么）：指具体的讯息、广告、传播内容等。广告界有句话，话糙理不糙，就是"见人说人话，见鬼说鬼话"。当今时代讲究个性，讲究的是秀、萌、约，消费者的需求各不相同，出游动机千差万别，有散心的，有猎奇的，有健身的，有专业雪友，不要试图以一个点去说服所有人，要不断地通过自媒体及其他媒体宣传自己，只要不犯法、不伤道，陈述的是事实，随你怎么玩，能把消费者吸引来就是真本事。

In Which Channel（通过什么途径告诉他）：这里强调的是信息传递媒介，尤其是那些有效的媒介，上面提到的自媒体是一个，也是重点媒介。然而更重要的是了解不同消费者的媒体接触习惯。比如：当客户群是户外发烧友时，那么就要想到他们肯定会有组织、会有他们的俱乐部，只要找到这些俱乐部，和他们进行合作，就能把我的信息传递给所有成员，我只需要分享相应的利润给相关组织即可，还能形成利益共同体，届时会有稳定的、谁也抢不走的客源。还有，有专业精神的滑雪者肯定会购买相关装备，如滑雪板、滑雪服、滑雪鞋等，我只要找到相关店铺，与其合作，就能将我的信息传递给这些准目标群体，这就是著名的"圈层营销"。而如果是大众群体，圈层营销意义就不大，这时候就需要根据他们具体的媒体接触习惯去传播讯息，如上班族可通过楼宇广告传播，白领可通过互联网传播，有车族可通过电台传播，公交地铁族可通过车身与地铁广告传播，机关、学校、企事业单位可通过传单传播，等等。

With What Effect（要达到什么效果）：首先，它强调的是目标，并在目标的基础上选择战略战术。目标不同，手段就不一样。比如滑雪场开业之初，首要任务是要打造品牌知名度，让更多的人知道，所以在营销上就应该以面的宣传为主。如果是以盈利为目标，那么就应该多在精准营销上下工夫。或者，点面结合，市场与销售两不误。其次，它意味着当我们选择了目标及手段后，应用一个阶段后应该观察其效果，思考其原因，好则加勉，不好或普通则应做出替换或优化，最终达到蒸蒸日上这个根本目标。

第九章
滑雪场及配套商业下的商业生态

发现滑雪好生意

1. 只选对的，不选贵的

众所周知，除一些特定的手表外，大多数手表出厂的时间都被设置为10点10分，呈对号型或字母Y（yes的首字母），意思是告诉消费者：选择我是对的。"只选对的，不选贵的"，这一理念同样适用于滑雪产业，而且应该从规划设计之初就严格遵循。

举例说明，有的投资人在某地有不错的政府资源，或者有感情因素，如很多人都想在自己的家乡投资，既有地利之便，又能在发展自我的同时惠及同乡，两全齐美，没什么不可以。然而凡事有得必有失，倘若投资人的家乡各方面都比较落后，消费水平很低，那么就算能免费拿地，另有银行贷款，也不宜建设滑雪场。

再比如，在建造雪场时，有人认为雪场的投入少便是低消耗，而低消耗相当于高产出，然而二者并不能画等号。像滑雪道、魔毯、缆车等，都是标配，该花的钱必不可省，省了不该省的钱，就赚不到该赚的钱，这是很简单的道理。再比如，有些设备，当前就是进口货比国产货有保障，那么滑雪场仅仅是基于为顾客安全着想，也应该尽量采购进口设备。至于国产设备质量攀升后再支持国货，那是以后的事。

第九章
滑雪场及配套商业下的商业生态

雪场配套项目的规划，也应以此为原则，综合考虑。我们举一个比较大的投资案例，泛加拿大雪地摩托滑雪道系统，即TCST，它跨加拿大全境，全长达1.6万千米！之所以打造这个系统，主要是为了吸引游客，而这个项目对年龄偏大的户外运动爱好者很有吸引力。这个项目旨在把加拿大既有的雪地摩托滑雪道连接起来，并加以延伸，其指示系统与加拿大的高速公路指示系统相统一，雪地摩托游客可以用一张地图滑遍加拿大全国，同时可以通往沿途的餐厅、饭店和旅游景区。系统贯通加拿大东西海岸，其中包括私人土地、皇家土地、废弃的铁路、省立公园和联邦公园，由政府和当地企业以及个人投资者共同出资，另有150万志愿者参与建设与维护。滑雪道完成后，可以适用五种运动，包括自行车、徒步游、骑马、越野滑雪和雪地摩托。问题是，它不可能建成，至少不可能在短期内建成。因为它过于庞大，加拿大从20世纪90年代就开始规划，到今天也没建成。另外，就算建成了，投入与回报也不成正比，而且是严重不成正比。前面说过，系统主要是为了吸引游客，但加拿大每年能吸引多少冬季运动爱好者呢？答案是数万人。而在欧洲，即便是德国这样的并不发达的滑雪目的地国家，每年也能吸引600万滑雪爱好者！

总之，对于冰雪产业这个特殊行业，投身其中前必须全方位考虑，要尽量避免雪场建设过程中所有的不必要建设与浪费，从而降低总投资，同时该上的项目也必须要上，不然如何吸引消费者？遑论赢利。

发现滑雪好生意

2. 滑雪场环境生态与商业生态

"我们既要绿水青山,也要金山银山。宁要绿水青山,不要金山银山,而且绿水青山就是金山银山。"习近平总书记这句话,放在这里再合适不过。

尽管世界范围内的滑雪产业对整个社会的贡献难以估量,然而早在20世纪末,国外冰雪产业越来越多的人意识到,滑雪运动中也存在着一些不和谐因素,最主要的矛盾则是滑雪者享受自然与滑雪目的地环境保护之间的冲突。

相关研究主要集中在阿尔卑斯山区,当时,以滑雪为代表的阿尔卑斯山区旅游业收入占到了全球总旅游收入的25%,相应的破坏力度也更明显。当时每年进入这一区域的游客达到1亿人,进而带来污染和侵蚀等问题。诸如阿尔卑斯山这样的高山,看上去很雄伟,但生态体系却非常脆弱。一株不起眼的小树,兴许已经生长了几十年。拔掉一棵小草,可能就再也长不出来了。而人们为了修建滑雪场,破坏森林、草地,屡见不鲜。一些大坝、房屋、设备等的修建,还会从本质上破坏山体。垃圾的倾倒会污染河流,汽车与摩托车会污染空气。有时,人们还会明目张胆地使用有毒物质。

第九章
滑雪场及配套商业下的商业生态

比如法国为举办1992年阿尔贝维尔冬奥会，其在建设长橇雪道时，动用了40吨氨水，以便稳定长橇雪道所在的沼泽地带。而氨水，是禁止在公共场合使用的物质，当地居民不得不戴着防毒面具抵抗毒气侵袭。与此同时，大规模的赛道的建设，如勒斯迪泽尔的男子速降雪道与梅里贝尔的女子速降雪道的建设，对当地地形地貌的破坏可能需要几百年才能复原。

滑雪场离不开人工造雪，而造雪的基础是水资源，法国、瑞士、奥地利的众多滑雪场均向当地湖泊及河流要资源，还修建了水力发电设备，每年都会消耗大量的水，显著影响了当地花草的恢复与鳟鱼的洄游。

除了人类，对环境影响最大的外来生物就是马。骑马巡游是受很多游客欢迎的项目，但喂养马匹，需要引进适合的野草，而这会干扰当地原生草种，导致马粪的堆积，营养物的重新分配，马对草地、河岸、沼泽的践踏等一系列问题。

当时，所有的地区政府都鼓励山林农业与旅游业共生共荣，但愿意承担环保责任的滑雪机构终究是少数，很多人根本不承认滑雪会破坏环境这一事实。好在时过境迁，越来越多的人意识到了问题的严重性，并且参与其中，而且不再局限于保护环境。比如，滑雪场对原始植被的破坏固然不可幸免，但在环保组织的倡导下，这些年阿尔卑斯山地区的六个国家先后种植了数十万株树木，算不算功过相抵，无从测量，但总算做出了正面行动。再比如，在证实旅游业会对当地动物造成影响的同时，人们也发现，随着对森林的保护与再造，也出现了野生动物回归与增加的现象，包括野兔、狐狸、山鼠及一些小型动物，因为这里有了庇护所和相应的食物。另外，美国一家滑雪杂志曾经把其奖项颁发给前面介绍过的阿斯彭滑雪度假村，用以表彰其使用用过的电动机润滑油为取暖能源及使用风力为缆车提供动力的举措。

包括中国在内的各国政府，也先后出台相关法律，从滑雪场规划的源头做起，要求"人与自然和谐发展"，从垃圾箱的设置到排污管道的铺设，从雪水融化处理设施的安装到无污染的交通，再到动物保护设施建设等，都做出了明确要求。同时指出，植被不仅具有不可忽略的保护雪道的作用，同时可以形成局部气候，涵养水源，保护雪资源，减小风沙侵蚀，延长融雪时间，形成滑雪场的"小气候"现象，这本身也有利于雪场的经营，所以，总的来说情况是在向着好的方面发展。

相对而言，在滑雪场的商业生态建设层面，几乎所有冰雪产业从业者都有更加明确的认识，相应效果也逐步显现。如前所述，围绕着滑雪场这个主轴，根据各地特色，构建一揽子旅游项目，从而带动当地经济与就业，在很多地方已不仅仅是设想，而是事实，而且趋势强力向好。商业生态离不开环境生态，而且前者也脱胎于后者。好的生态，恰如森林，参天大树、茵茵小草、菌类、地衣、动物、昆虫……都会生活得很好；好的滑雪场生态，则要求政府、经营者、工作人员、旅游者及居民相得益彰。也只有照顾到并且均衡各方利益，滑雪场商业生态才能生生不息，生机勃发。

3. 温暖——滑雪场经营的终极课

提到滑雪场，人们常常会想到伟人毛泽东的诗句，"北国风光，千里冰封，万里雪飘"，似乎给人的第一感觉是冰冷的。其实，诗是人激情的产物，冰雪产业从业者则需要一颗温暖的心。把握住"温暖"这个关键词，冰雪产业才能蒸蒸日上。把握好"温暖"这个关键词，才能唤醒以滑雪场为中心的商业生态的生机。

很多商家都知道并且信奉一句话，"客户就是上帝"，或者"以客户满意为宗旨"等等，其潜台词都是"温暖"。但是，单向的温暖远远不够，三分钟热度更加不行，我们要的是双向的温暖与长久的温暖。如何做到这一点？可以从以下三个方面着手，也可以称之为"温暖三步曲"。

先温暖员工

想照亮别人，自己得发亮。想温暖别人，自己要有热度。经营者一个人再温暖也没用，要通过内部员工传递温暖。也只有所有人都温暖了，整个滑雪场才有热度。温暖源自真诚，源自真情，经营者对自己的员工不上心，

嘴上说得很棒，但不能根植于心，不能落实于地，员工心里不开心，服务不可能体现出真情。员工真诚的微笑、饱含情感的态度，源自于经营者的微笑与态度，其发自内心的对于服务工作的热爱源自于我们对他们的爱。每一个滑雪场经营者首先要做的，就是做一个有温度的人，如此才能培养出有温度的员工，提供有温度的服务。

让滑雪者激情澎湃

有温度的服务能让消费者感觉到温暖，但不足以融冰化雪，融化冰雪者，唯有滑雪者自身的激情。滑雪者热情洋溢、激情澎湃，此行才真的是不虚此行。如何做到这一点呢？靠我们的滑雪文化。当滑雪者看到的不再是冰冷的雪，冰冷的建筑，而是一张张堆满笑容的脸，一颗颗匠心打造的物事，一颗颗真心营造的欢乐氛围。发出源自内心的微笑时，背后的力量就是文化。滑雪文化就是滑雪场的企业文化，其形成受品牌理念、价值标准等软环境的影响，需要的是心力，而不是金钱的堆积。

跟滑雪者谈恋爱

有热情，有温度，还不够，重点是想方设法，使这种温暖长久保持。我们要把广大雪友当成真朋友，再把朋友变成恋人，最后把恋人变成亲人，那种温暖，是无法取代的温暖，是真正的温暖。要做到这一点，必须强化对滑雪者需求的把握，拓宽滑雪者需求信息的收集渠道，通过不同信息渠道了解滑雪者需求的类型和层次，掌握滑雪者的消费偏好，从产品与服务的研发、设计到服务提供，行之有效地对滑雪者的期望进行管理，实现对客服务质的飞跃。假以时日，滑雪场的生意想不好都难。

附录
国外著名滑雪场盘点

发现滑雪好生意

资深的滑雪者大多有滑遍全球著名雪场的梦想，条件允许的话，人也确实应该多到国外走走，滑雪的同时，领略其风光，感受其文化，顺便看看在滑雪场建设与管理方面我们的差距。以下是对世界各大洲著名滑雪场的盘点，供广大国内滑雪爱好者参考。限于篇幅，前面已经提及者这里不再赘述。

美国范尔滑雪场

位于美国科罗拉多州，它是美国最大最受欢迎的滑雪场，同时拥有世界上最高落差的山顶滑雪道，长期被评为顶级滑雪胜地，并享有全美最佳和最大单板滑雪胜地的世界美誉。

滑雪场面积超过5300英亩，拥有193条雪道，有为滑雪高手准备的极具挑战性的雪道，也有为中级、初级滑雪者准备的普通雪道，还设有家庭滑雪区。山势雄伟，有辽阔的林海雪原，最高处海拔3500米，垂直落差达1000余米。即使在最旺的滑雪季，这里也不会太过拥挤。你也根本不必担心自己会不会滑雪，这里有太多、太好、太有经验的滑雪学校和滑雪教练，你只需担心自己将来会不会滑雪成瘾。

范尔还是一个美食小镇，有许多特色餐厅，从五道菜的法式大餐到5分钟的牛肉汉堡，丰简由人。当地有近百家精美商铺，从精美的淘货小店到雪具，再到艺术品店与家具店，很多商家都做到了真正意义上的"独此一家"。

美国天堂滑雪场

位于美国内华达山脉北段太浩湖，是北美著名风景区及著名滑雪胜地，电影《教父》的取景地，雪场打出的广告是"一边触摸天空，一边触摸心灵"。马克吐温也曾说过："如果想呼吸天使的空气，那么去太浩湖吧！"整个景区有十几家滑雪场，但它是落差最大、设施最好，当然也是最贵并且贵得很有道理的滑雪场。

天堂滑雪场是全美最大的滑雪区之一，横跨加利福尼亚和内华达两个州，面积数万亩，巨大的滑雪区域确保每位游客都能体会到冲刺的激情与贴心的服务。最高海拔3060米，垂直落差1067米，年平均降雪量914厘米，有雪道97条，有为初级雪手设立的普通雪道，也有为雪痴准备的顶尖雪道。

雪场坐落在太浩湖南侧，白天可上山饱览高耸的雪峰和湛蓝的大湖，风景如画。晚上，整个雪场流光溢彩，灯火斑斓。这里有四通八达的缆车，有终年不结冰的湖水，有大自然的和谐韵律，唯独没有尘世的嘈杂。

加拿大班夫滑雪小镇

位于雄伟壮丽的班夫国家公园，由三座著名滑雪场组成，即使在这里连滑一个月也不会遇到重复的雪道。三座滑雪场中，露易丝湖滑雪场为加拿大最大的雪场，精心设计的滑道可满足不同水平游客的需求；太阳村滑雪场是加拿大海拔最高的滑雪场，拥有全加最长滑雪季和全天然雪场，设备先进；诺奎山滑雪场则是家庭滑雪的理想地，有孩子们喜爱的轮胎滑雪项目。

发现滑雪好生意

这里风光迷人，旷野纯正，让人充满征服欲望。宽广的雪道，多变的地形，现代化的运载设备，独特的布局，让每个人都能找到属于他自己的雪道，体会到属于他自己的欢乐。这里的酒店非常著名，经常有名人出入，外观犹如古堡，食物和酒都很棒。

加拿大塔伯拉山滑雪度假村

它是加拿大最早开业的滑雪场，没有之一，在整个北美排名第二，创建于1939年。作为北美著名滑雪胜地，它共有94条滑道，19条缆车线路，山顶视野开阔，最高处海拔2131米，落差最大的雪道达381米，适合中级以上水平的滑雪者。也有为数众多的低缓坡道，供初学者练习。

赶上合适的季节，可于缆车上观看如火的枫景，壮丽燎原。附近有多家休闲度假旅馆、美食餐厅、酒吧、精品店，以及高尔夫球场、单车路线、网球场、水上乐园等，四季皆宜。

法国夏慕尼滑雪场

夏慕尼滑雪场位于法国东南部阿尔卑斯山区，它是登山运动的发源地，1924年第一届冬季奥运会的举办地，世界级的滑雪教练训练中心落户地，登山家与滑雪客的最爱。

夏慕尼海拔3842米，因拥有全欧洲最高的缆车站而闻名。人们说，来此地不搭乘此缆车，如入宝山空手而归。夏慕尼滑雪场的雪道堪称漫长，全部长度相加达100公里，供各种级别的滑雪爱好者尽情驰骋。而且，它的雪场不收门票，也就是说如果你自己有雪具，又不坐滑雪场的缆车，那你可以完全免费。因此它每年都能吸引无数雪友，尽管它的雪道对初学者来说并不太适宜。

来此，还可以顺便征服勃朗峰，有些雪道直接跨越冰河，绝对刺激！因其为登山胜地，附近可以买到世界顶级的登山攀岩装备。因为是在法国，吃的住的都不会太差。因为是在法国，这里既不失繁华，同时也是世外桃源。

法国拉普德兹滑雪场

位于法国伊泽尔省，以拥有全欧洲最长滑雪道——萨雷纳滑道而知名，16公里的长度和1860米的落差令全球滑雪客无限神往，仅滑完整条坡道就需要1个多小时！它也是一个超大滑雪场，还是欧洲数一数二的滑雪场。

这里滑雪道众多，雪厚近1米，每一位滑雪者都能找到完美的滑雪道，不论是初出茅庐者，还是专业滑雪者。这里还有不少特别场地滑道，拥有多条箱式缆车和缆椅设施。游客可乘架空索道抵达海拔3323米的白湖峰顶，俯瞰法国、瑞士与意大利部分版图，而且可以边品咖啡边欣赏。除了滑雪和登山，还提供非凡刺激的直升飞机游览和空中跳伞活动。夏慕尼小镇静谧安详，衣食住行应有尽有，费用也比较亲民。

法国梅杰夫滑雪场

位于法国上萨瓦省，坐落在海拔4809米的勃朗峰身边，高雅而低调。它是全球著名财团罗斯柴尔德家族的产业，是与瑞士圣莫里茨媲美的度假胜地。从1920年创办之初，其地位从来不曾动摇。去梅杰夫滑雪，住山区木屋，马鞭草、壁炉、白桦树、羊毛织物……一向被认为是品位的象征。

不仅法国人喜欢这里，每年来自世界各地的滑雪爱好者达到 1/4 强。

这里的雪道全长 445 公里，海拔从 1050 米到 2350 米，陡峭的滑坡适合有经验的滑雪者，新雪迷不仅可以在初级道练习，还可以玩狗拉雪橇、滑冰、远足，或者体验雪地高尔夫球，观看雪地马球，以及乘热气球或直升飞机俯瞰勃朗峰全景。每年，这里都会举办诸如冰上曲棍球、爵士音乐会等丰富的文娱活动。

瑞士英格堡—铁力士山滑雪场

位于瑞士著名旅游胜地英格堡，自 19 世纪 50 年代起，这里就以矿泉水、乳清和新鲜的空气享誉欧美。英格堡—铁力士山滑雪场是瑞士十大滑雪场之一，它周围还簇拥着一众有着各式特色的中小型滑雪场，难得的是只需要一张通票，就可以滑遍当地所有滑道。

瑞士人在此创造了许多欧洲乃至世界之最——欧洲最高的缆车站，欧洲最高的火车站，世界首创的 360 度全景观缆车等，但英格堡不只是一个滑雪胜地，也不仅仅是冬季运动的天堂，夏天的客流量依然庞大。当然，滑雪是这里的主打，这里也以拥有许多具有挑战性的、为高级滑雪者设计的雪坡和弯道而著名。这里还是纵享野雪的天堂之地，很多冬季游览者慕名而来，享受属于勇敢者的刺激。除了雪山，附近还有美丽的琉森湖，商店、咖啡馆和餐馆众多，服务周到热情。

瑞士维拉尔—格里永滑雪场

坐落于罗纳河谷上方，由维拉尔滑雪场和格里永滑雪场组成，这意味着游客可以花一份钱滑遍所有雪道，而且这里还拥有世界上海拔最高的滑道，从上向下俯冲，最高时速可达 40 公里，是真正意义上的横冲直撞，且全年有雪，全年开放。

两家雪场雪道总长数百公里，拥有上百部缆车、数个冰雪公园、数十公里的雪橇跑道，还有一家雪地幼儿园。顶部有 24 座海拔 4000 米以上的高峰，从艾格峰、僧侣峰、少女峰到马特宏峰、勃朗峰，景观壮美，使人流连忘返。冬季，有无数步行路线和沿途美景，还有温泉浴场和健康中心。夏天，有更多徒步远足路线，也可骑山地自行车探索当地迷人风光。

奥地利基茨比厄尔滑雪场

坐落于奥地利阿尔卑斯山区的蒂罗尔，人称"阿尔卑斯山脉的珍珠"，是奥地利最著名的度假胜地。基茨比厄尔人从 1892 年冬天就开始享受滑雪运动了，整个村庄的历史则可以追溯至 700 年前。这里有"全世界最惊险"的起跳跑道，同时也是速降滑雪的诞生地。一月份前往基茨比厄尔的人最幸福，因为每年此时当地都会举行惊险刺激的 Hahnenkamm 勇敢者速降滑雪赛。

基茨比厄尔拥有极好的滑雪场，有几十条徒步旅游线路，附近的施瓦茨湖湛蓝透彻，山上的"高山花园"种植着 120 多种花卉，郁郁葱葱的山谷、古老的教堂、十六七世纪风格的民居、数百公里的草坡、一家家顶级高尔夫球俱乐部、一眼眼温泉，以及每年一度的世界杯雪地马球赛，随到随行的直升机巡游，都让人为之神往。

奥地利圣安顿滑雪场

位于奥地利西部阿尔堡山区，是欧洲最活跃的滑雪场之一。这里的滑雪学校举世瞩目，由"奥地利滑雪之父"汉斯·休伯特开设。奥地利也是现代滑雪运动真正的发源地，正是奥地利人发明了前倾式的滑雪方式，当然，第一个开办裸体滑雪场的国家也是奥地利。作为其中的翘楚，圣安顿滑雪场盛名远扬，还是包括高山滑雪锦标赛在内的全球级冰雪赛事的举办地。

滑雪场地辽阔，设施先进，服务国际化，雪道众多，适合各个级别的滑雪者。这里的游客来自世界各地，包括拜仁主帅希斯菲尔德这样的名人。滑雪场设有缆车和巴士，安全方便。附近的小镇历史悠久，自然美丽。你可以乘雪橇在阿尔卑斯清新的山风中呼啸而过，也可以到高山上享受阳光沐浴，或者在晚上乘坐点燃火把的雪橇过火热的夜生活，参加各种欢乐的晚会。

意大利克缔纳滑雪场

位于意大利多乐美地，拥有绝好的位置，被称为"多乐美地的明珠"，也被誉为世界四大滑雪胜地之一。这里群山环绕，景色优美，雪场面积宽广，不必担心旅游旺季会出现拥挤的现象。也不必担心非雪季能否滑雪，因为它的雪道90%是人工覆盖的。这里拥有数十部缆车和索道，最高海拔3243米，雪道总长140公里，最长雪道达9公里，任你驰骋。附近交通便利，拥有迷人的家庭式酒店，还有免费的停车场。

德国楚格峰滑雪场

位于德国巴伐利亚南部，是该国海拔最高的滑雪场，紧邻疗养胜地奥伯斯特多夫。最高峰楚格峰海拔 2962 米，每年有半年的适滑期，是德国最受欢迎的滑雪场所。游客可通过索道登顶，共 14 条雪道，从简单到中等难度，全长 20 公里。在享受滑雪乐趣的同时，也可以考虑在德国最高的饭店享受当地的传统美食。如果时间充裕，还可以前往附近的国王湖景区欣赏德国最美的湖泊，甚至可以去附近的希特勒的老巢"鹰巢"参观。

瑞典奥勒滑雪场

位于瑞典耶姆特兰省，是北欧最大且设备最完善的冬季滑雪胜地，2007 年的世界杯高山滑雪锦标赛就在这里举行。拥有 98 条独立雪道和 44 架登山缆车，雪道全长达 98 公里。既有极具挑战性的越野滑雪坡道，也有适宜初学者和儿童玩乐的平缓滑雪场地，同时提供惊险的直升机高空滑雪。除滑雪外，还有狗拉雪橇、雪地车、冰钓、越野滑雪等传统北欧运动，品尝北欧传统食品当然也必不可少。

挪威贺美科伦滑雪跳台

位于挪威奥斯陆，与其说它是一座建筑，不如说它是一座丰碑。这座滑雪跳台是世界上最大、最先进的滑雪跳台，高达 65 米并且建在斜坡上，滑道犹如巨大的滑梯，能同时满足滑雪运动员、裁判员、媒体记者、观众和游客等人群的不同需求，设计最优，设备最好。游客既可近距离观赏精

彩的滑雪表演，也可以亲自体验，挑战自己的勇气与技术，还可欣赏奥斯陆峡湾的壮观景色。滑雪跳台内部是雪博物馆，用以展示人类 4000 多年的滑雪史以及挪威极地探险家 F. 南森和 R. 阿蒙森的事迹。

俄罗斯红波利亚纳滑雪场

俄罗斯冰季漫长，是滑雪爱好者的乐园，全俄各地有大大小小的滑雪场，红波利亚纳滑雪场则是最受欢迎的一个，而且不限于俄罗斯人。它坐落在黑海之畔的著名度假城市索契，平均海拔 1700 米，滑雪道总长 200 公里。2014 年索契冬奥会的举办，提升了它的知名度，基础设施也进一步完备，其他休闲娱乐配套设施也非常齐全，是初学者、业余爱好者和专业滑雪运动员的绝佳滑雪胜地。

西班牙内华达山滑雪场

西班牙的滑雪资源极其丰富，最为著名的则是位于西班牙历史名城格拉纳达附近的内华达山滑雪场，这里也是欧洲最南端的滑雪场。格拉纳达温度适宜、景色优美，内华达山滑雪场终年积雪，阳光充裕，海拔 2000～3000 米的山体上，初级、中级、高级特型雪道俱全，缆车四通八达，在美好的晴天还能看到地中海的美景。

日本八方尾根滑雪场

位于日本长野县白马村，是全日本单体规模最大的滑雪场，也是长野冬奥会的主会场。雪场地势险峻，最大垂直落差达 1100 米，尤其值得专业级滑雪者到此大展身手。周边的高峰挡住了强风，雪场的粉雪质量也极高，共有 13 条高质量雪道，最长的雪道达 8 公里，各式缆车共 23 辆。可野雪，有各种竞赛、音乐周以及其他娱乐项目，雪鞋森林探险很有吸引力。雪场周围还分布着不少旅游胜地，如有着 1350 年古老历史的汤田中温泉，还有日本赏樱三大名胜之一的长野高远城址公园。

韩国龙平滑雪场

位于朝鲜半岛太白山脉的发旺山山麓，又称龙平度假村，是韩国最著名的滑雪胜地，也是亚洲第二个世界级滑雪场。海拔 832 米，年均降雪量 2.5 米，曾举办 1998 年世界杯滑雪赛、1999 年江原冬季亚运会，2018 年平昌冬奥会的部分项目比赛地也在这里。雪场拥有先进的设备：长 3.7 公里的 8 人乘封闭缆车可到达海拔 1458 米的最高峰龙峰，有适合各等级滑雪爱好者的专属滑道。此外，还有游泳池、桑拿等附属设施，配备山岳雪橇场、室内高尔夫球场、生存游戏场、山地自行车道和 6 洞简易高尔夫球场、森林浴、野营所等。附近共有客房 1000 余间，但滑雪旺季仍需提前预订。

印度贡马滑雪村

位于印度克什米尔地区，虽然规模较小，但却是南亚地区不可多得的滑雪胜地。这里的贡马缆车是全世界海拔最高的缆车，拥有亚洲最好的几条滑道，并且可以进行冰雪徒步旅行，附近的阿尔帕特尔湖风光也很迷人。雪场依托著名的开伯尔酒店及水疗中心，客房传统而奢华，可为游客提供

身体按摩、阿育吠陀护理和面部护理,但收费昂贵。

澳大利亚佩里舍滑雪场

位于澳大利亚新南威尔士州,是南半球最大的高山滑雪度假胜地,适合北半球的夏季前往。这里有壮美的雪景,也有澳洲最顶尖的滑雪选手。主峰高达2054米,相近高度的雪山共有7座,滑雪面积超过1200公顷。适合新手学习的雪道总长超过100公里,经验丰富的老手也能够在这里找到澳州落差最大的雪道。可野滑,可夜滑,冰上项目众多,有懂多种语言的滑雪教练。

新西兰卡德罗纳滑雪场

位于新西兰南岛,雪道开阔安全,雪场平整洁白,设施世界顶级,服务热情洋溢,每年都能吸引全世界的滑雪爱好者蜂拥前往。拥有新西兰资历最老的滑雪学校,配备包括中国籍滑雪教练在内的多种语言的滑雪教练,还有机会遇见世界各地的专业滑雪运动员。这里是中国滑雪国家队每年的反季节训练场地,也是新西兰唯一提供雪场内住宿的度假村,餐厅、咖啡厅、雪具店齐全,还有贴心的儿童看护中心。